Dipl. Päd. Thor

Machtkämpfe der Kinder – v

Dipl. Päd. Thomas Rupf

Machtkämpfe der Kinder -
wie gehe ich damit um?

Erziehungsratgeber

Bibliografische Information der Deutschen Bibliothek
Die Deutsche Bibliothek verzeichnet diese Publikation in der
Deutschen Nationalbibliografie; detaillierte bibliografische Daten sind
im Internet über http://dnb.ddb.de abrufbar.

© 2012
Herstellung und Verlag
Books on Demand GmbH, Norderstedt

ISBN 978-3844815061

Inhaltsverzeichnis

1. Einleitung

Weinen, schreien, bocken, heulen, sich übergeben oder fachlich korrekt: Machtkämpfe der Kinder?

Kevin wirft sich im Supermarkt auf den Boden und brüllt mit glutrotem Kopf: *„Ich will ein Eis!"* Eva will auf dem Weg in den Kindergarten nicht an der Hand gehen und lässt sich auf einmal fallen. Sie hängt wie ein nasser Sack an Mamas Arm und weigert sich auch nur einen Schritt weiterzugehen. Kinder wollen etwas und äußern ihren Willen mit ihrer ganzen Körperkraft, um auszutesten, wie weit sie bei uns gehen können.

Das kennen Sie sicher: Genau dann, wenn wir innerlich an unsere Erschöpfungsgrenze stoßen, legen Kinder erst so richtig los. In gewissem Maße sind Machtkämpfe, zu denen uns Kinder immer wieder herausfordern, normal und für eine gesunde Entwicklung wichtig.

Aber was ist, wenn diese Konfliktsituationen sich häufen, wir an diesen Machtkämpfen erschöpfen, wenn wir einfach keinen Rat mehr wissen? Wie reagiert man angemessen auf diese alltäglichen Herausforderungen?

Geduld zeigen, streng bleiben, bestrafen und drohen, ab und zu nachgeben, damit endlich Ruhe ist oder doch in die Arme nehmen und trösten, denn vielleicht waren die Tränen ja echt?
Es ist gar nicht so einfach, die schwierigen Situationen im Erziehungsalltag zu überstehen.

Dieser Erziehungsratgeber soll Ihnen Mut machen, Wege und Möglichkeiten zu entdecken, den alltäglichen Herausforderungen der Kinder gelassener zu begegnen und nicht daran zu erschöpfen. Die praktische Ausrichtung dieses Ratgebers soll Ihnen die nötige Sicherheit vermitteln, mit der die gewonnenen Erkenntnisse auch in die Tat umgesetzt werden können.

Dabei geht es nicht um die perfekte Erziehung!

Ziel ist es, für sich selbst geeignete Wege zu finden, diese Situationen geschickt zu meistern, den Kindern eine liebevolle und klare Orientierung zu geben und den Humor dabei niemals zu verlieren.

2. Machtkämpfe der Kinder

2.1 Was verstehen wir unter Machtkämpfen?

- <u>Tatort Kinderzimmer</u>: Bauklötze, herumliegende Legosteine, ein altes Käsebrot, verstreute Mal- und Bastelsachen und dazwischen noch einzelne Socken – das Kinderzimmer ähnelt nur allzu oft einer absoluten Chaoszone, die uns leicht zur Verzweiflung treibt. Besser gesagt: Ihre Vorstellungen eines *„richtigen"* Kinderzimmers weichen von unseren meistens erheblich ab. Interessenunterschiede dieser Art bezeichnet man als Machtkämpfe.

- Wir sehen die täglichen Machtspiele auch zwischen Kindern, wenn sie sich streiten, wer als erster *„Rutschen"* darf.

- Machtkämpfe entstehen auf dem Hintergrund des *„ich-zentrierten"* Denkens. Hierunter versteht man alle Bestrebungen eines Kindes, seine Bedürfnisse, Wünsche und Interessen gegenüber anderen Personen durchzusetzen.

- Das *„ich-zentrierte"* Denken ist für Kinder lebensnotwendig. Ein gesunder Egoismus ermöglicht den Kindern, ihre Umwelt in allen Einzelheiten zu entdecken.

- Machtkämpfe sind völlig normal und kommen in jeder Familie vor. Es gehört zum Erwachsenwerden dazu, dass die kleinen und großen Sprösslinge regelmäßig ihre Grenzen austesten.

- Wir erleben Machtkämpfe in allen Altersklassen, im Kleinkindalter, im Schulalter, in der Pubertät wie auch im Erwachsenenalter.

- Machtkämpfe treten verstärkt in vertrauter Atmosphäre auf. Eine Mutter, die tagtäglich Kontakt zu ihrem Kind hat, wird mehr gefordert sein als vergleichsweise ihre Freundin. Nicht selten verhalten sich Kinder bei anderen Menschen eher vorsichtig, sie sind brav und folgsam. Viele Eltern fragen sich dann: *„Was macht meine Freundin besser als ich?"*

- Gleiche Interessen zwischen Eltern und Kindern führen selten zu Konflikten und damit zu Machtkämpfen.

- Das Ziel einer Erziehung ist es, einen Weg zu finden, die alltäglichen Machtkämpfe geschickt zu *„überleben"*.

2.2 Machtkämpfe im alltäglichen Leben

Der morgendliche Ablauf

Jeden Morgen das gleiche *„Theater":* Statt sich zügig für den Kindergarten fertig zu machen, spielen Kinder gerne selbstvergessen oder ziehen sich umständlich im Schneckentempo an. Auch wenn wir sie ermahnen und drängen, werden sie keinesfalls schneller, zeitweise sogar in ihren Bewegungen fortlaufend langsamer und gemütlicher.

Beim Anziehen sind sie in der *„glücklichen"* Lage, uns Arme und Beine schlaff entgegen zu halten, ähnlich wie bei einem *„bewusstlosen"* Menschen. Dann wird es schwer, nur eine einzelne Socke anzuziehen.

Haben wir es endlich einmal geschafft, freuen wir uns. Aber was machen Kinder dann auf einmal? Sie ziehen die andere Socke mit einem Lächeln ganz langsam wieder aus. Dieses *„Theater"* kann sich beim Essen fortsetzen. Am Ende sind die meisten Eltern erschöpft und kommen abgehetzt in den Kindergarten.

Auch wenn es uns erscheint, als würden Kinder sich besonders dann viel Zeit lassen, wenn wir einen wichtigen Termin haben, geschieht das Trödeln nicht böswillig.

Betrachten wir Kinder einmal in Ruhe, wenn sie spielen. Sie können stundenlang Bausteine übereinander stapeln, bis sie diese Übung beherrschen.

Kinder eignen sich ihre Fertigkeiten selber an, indem sie trainieren und üben. Diese Methode des Übens ist oft ein Grund für das Trödeln, denn je öfter die Kinder ihre Socken an- und wieder ausziehen, umso leichter fällt es ihnen.

Kleine Kinder haben nicht das gleiche Zeitgefühl wie wir, daher wirkt es auf uns, als würden sie trödeln. Sie können sich nicht vorstellen, ob zehn Minuten ausreichen, um sich zu waschen, die Zähne zu putzen, sich anzuziehen und zu frühstücken. Noch weniger können sie begreifen, warum es denn so wichtig ist, pünktlich auf die Minute fertig zu werden. Außerdem leben Kinder ganz beneidenswert im *„Hier und Jetzt"* und lassen sich leicht ablenken.

Wenn sie im Bad ihre coole Wasserpistole finden, vergessen sie sich zu waschen und beginnen zu spielen. Was auf uns wie eine gezielte Provokation wirkt, ist der ganz natürliche Spielwunsch der Kinder.

Das Telefonat

Ihr Kind rennt lautstark auf Sie zu, obwohl Sie gerade telefonieren:

„Warte noch zwei Minuten, bitte!" antworten Sie. *„Menno, ich will aber spielen, jetzt!"* Ihr Kind stampft wütend mit dem Fuß auf den Boden und zerrt an Ihrer Hand. *„Spielen, spielen, spielen!"* Entnervt beenden Sie das Gespräch und wenden sich Ihrem Kind zu.

16

Sie fragen sich, wann dieses Theater endlich aufhören wird?

Wenn wir telefonieren oder uns mit anderen Menschen unterhalten möchten, werden viele Kinder ungeduldig und fangen an zu stören.

Sie bewegen sich in unsere Richtung, spielen lauter, stellen viele Fragen und äußern auf einmal ganz dringende Bedürfnisse: *„Ich habe Durst", „ich muss jetzt sofort aufs Klo!"*

Verständlicherweise sind wir genervt und reagieren ungehalten.

Doch in vielen Situationen ist es ersichtlich, warum Kinder in diesem Moment keine Geduld aufbringen – kommen sie doch so mit ihrem Stören ans Ziel. Sie haben gelernt, dass wir eher das Gespräch beenden, als einen Konflikt mit ihnen auszutragen.
Warum sollten sie also warten und sich alleine beschäftigen?

Das Aufräumen

Sie betreten das Kinderzimmer Ihres Kleinen und Sie trifft der Schlag: Klamotten kreuz und quer, Spielsachen überall verstreut, Tapetenmalereien aus Fruchtquark – ein einziges Durcheinander!
Wie bringen wir Kindern nur endlich bei, was es heißt, Ordnung zu halten?

17

Manchmal treiben sie uns damit schier in den Wahnsinn. Über das kindliche Chaos ist nur schwer hinweg zu sehen. Kinder fühlen sich in ihrem kleinen Chaos aber meistens recht wohl.

Auch wenn man die Ordnung nicht sehen kann, so ist sie doch vorhanden – zumindest für die Kinder. Diese müssen allerdings akzeptieren, dass sie in der Wohnung nicht alleine sind und wir uns durch das Chaos gestört fühlen können. Sie müssen lernen, dass es hier um das Miteinander in der Familie geht und jeder gegenüber dem anderen rücksichtsvoll sein sollte.

Streit der Kinder untereinander

„Jetzt hört doch mal auf!" sagen wir. *„Aber der hat angefangen!"* brüllt Kevin, während Marie dazwischen tobt: *„Stimmt doch gar nicht, der hat mich zuerst gehauen und gekniffen!"*

Tja, wer hat nun Recht?

Wie sollen wir uns gerecht gegenüber den Kindern verhalten? Der ewige Streit zwischen Kindern strengt nicht nur gewaltig an, er kann – wenn wir nicht frühzeitig eingreifen – zum fröhlichen Dauerbrenner werden.

Der abendliche Ablauf

Seit einer Stunde schon liegt Ihr Kind im Bett und soll schlafen. Doch an Schlaf ist gar nicht zu denken, immer wieder ruft es nach Ihnen.

Sie sind schon genervt, schließlich wollten Sie einfach mal die Beine hochlegen und gemütlich ein Buch lesen. Eine Situation, die wohl viele kennen, egal wie alt ihr Kind ist. Auch ein häufiges nächtliches Erwachen kann für viele belastend sein.

2.3 Wege, die zum Ziel führen

Kinder besitzen vielfältige Fähigkeiten, ihre Interessen uns gegenüber geschickt durchzusetzen. Sie bedienen sich dabei ganz unterschiedlicher Wege:

2.3.1 Das „*taube*" Kind

Wenn Kinder partout nicht hören wollen, stehen wir oft vor einem Problem. Es ist, als rede man gegen eine Wand. Kinder stellen sich taub, reagieren nicht – damit können sie uns mitunter an den Rand des Wahnsinns treiben.

Man sitzt mit der Familie gemütlich im Garten und die Kleinen fangen ganz langsam an aufzudrehen. Sie laufen um uns herum, kommen gefährlich dicht an den Grill, spielen Fußball, schreien laut oder ärgern sich gegenseitig. Wir können uns auf unser Gespräch kaum noch konzentrieren, erste Stoßgebete werden gehalten, mit der Bitte, dass die Kinder nicht die Teller vom Tisch „*fegen*".

Kinder merken es schnell, wenn wir mit anderen Dingen beschäftigt sind und nehmen die Ermahnungen wie „*hört auf*", „*seid leise*", „*vorsichtig*" oder „*jetzt reicht es*" gar nicht mehr wahr.

Diese immer wiederkehrenden Aufforderungen werden gar nicht mehr richtig ernst genommen, weil sie wissen,

20

dass wir letztendlich doch nicht reagieren und uns weiter unterhalten.

Je mehr Personen anwesend sind, beispielsweise im Supermarkt, desto öfter testen Kinder ihre Grenzen aus.

Solange wir sagen *„hört auf"*, *„passt auf"*, *„nicht so laut"*, *„lasst das"* schalten Kinder auf Durchzug, sie lernen auf diese Art und Weise, sich uns gegenüber geschickt durchzusetzen.

2.3.2 Das diskutierende Kind

Eine immer wiederkehrende Falle in der Kindererziehung ist die Diskussion am falschen Platz. Natürlich müssen im Alltag viele Dinge besprochen werden, aber eben nicht, wenn es darum geht, Kindern eine klare Grenze zu setzen.

Wenn Sie in der Kindererziehung möchten, dass Ihr Kind umgehend damit aufhört, aus Wut das Spielzeug seines Bruders kaputt zu machen, ist eine Diskussion für die Kindererziehung nicht förderlich.

Wenn Sie damit beginnen, Ihrem Kind Gründe dafür zu nennen, warum es das Spielzeug anderer nicht demolieren soll, eröffnen Sie ihm unter Umständen nur die Möglichkeit einer endlosen Diskussion.
Kinder reagieren auf Anforderungen von uns wie folgt:

„Warum muss immer ich aufräumen, mein Bruder muss nie aufräumen? Das ist gemein!"

Diese Angebote verleiten uns leicht, in Diskussionen einzusteigen, in denen wir recht zuversichtlich versuchen, ihnen wiederholt zu erklären, warum es notwendig ist, eine Regel einzuhalten. Kinder gehen leider selten auf diese Argumentationen ein, sondern suchen eher weitere Argumente, eine Regel nicht einhalten zu müssen.

Diskussionen laden somit zu einer Endlosschleife ein, in der wir mehr und mehr erschöpfen und am Ende gar nicht mehr wissen, worum es ursprünglich mal gegangen ist. Letztendlich werden deshalb die ursprünglichen Anforderungen selten umgesetzt und die Kinder haben ihr Ziel erreicht.

2.3.3 Das „Powerkind"

Schreien, hauen, kreischen, spucken, sich auf den Boden werfen – diese Verhaltensweisen lassen nur eine Diagnose zu: Ein *„Powerkind"* ist am Werk!

Kinder lernen sehr schnell, Wutanfälle als Mittel zum Zweck einzusetzen.

<u>Hierzu ein Beispiel:</u>

Ihr Kind fühlt sich mal wieder ungerecht behandelt, es heult, wirft sich voller Wut auf den Boden und lässt sich einfach nicht beruhigen. Um die für Sie so unangenehme Situation zu beenden, geben Sie sofort nach.
Ihr Kind lernt: Mit Wut setze ich mich durch – Wut ist das geeignete Mittel, um zu erreichen, was ich will.

<u>Ein zweites Beispiel:</u>

Nach einem langen Arbeitstag möchten Sie den Tag gemütlich ausklingen lassen und mit Ihrem Partner fernsehen. Wenn Ihr Kind aber gerade dabei ist, seine Geschwister zu ärgern, kommen Sie vermutlich schnell angelaufen – jede noch so wichtige Tätigkeit wird sofort unterbrochen.

Hier ist die Aggression ein Mittel, unsere Aufmerksamkeit zu erregen. Kinder lernen: Wenn ich höflich bitte und frage, bekomme ich nicht, was ich will. Wenn ich jedoch laut bin, ist sofort jemand da.

Diese Zuwendung bedeutet dem Kind mehr als gar keine Zuwendung – ein Muster hat sich verfestigt. Der nächste Wutanfall wird nicht lange auf sich warten lassen.

2.3.4 Der dramatische „Hinfall-Heuler"

Ein Kind weint, weil es sich beim Hinfallen weh getan hat. Es lässt sich aber auch schnell wieder beruhigen. Ein paar tröstende Worte, eine liebevolle Zuwendung und eine fachgerechte Versorgung seiner Verletzung führen schnell wieder zu einem lächelnden Kind.

Der dramatische „Hinfall-Heuler" hingegen zeigt sich ganz anders. Er fällt auf dem Weg vor uns hin, bleibt liegen und schaut uns stumm an, um zu sehen, wie wir reagieren.
Wir entscheiden nun, was passiert. Wenn wir erschrocken, mit besorgter Miene, auf ihn zulaufen, dann gibt er so richtig Gas, heult lautstark, zeigt auf seine Wunde und das Drama kann beginnen.

Sagen wir nun zu ihm: „Oh je, das sieht ja schlimm aus, tut es doll weh?" kann der dramatische „Hinfall-Heuler" die Heuldauer gezielt verlängern, um sich im Mitleid aller anderen zu aalen.

Schnell bestimmt der dramatische „Hinfall-Heuler" das weitere Geschehen, indem er nun vorgibt, wann es uns erlaubt ist, wieder weiterzugehen.

2.3.5 Der „Sirenen-Heuler"

Die „Sirenen-Heuler" sind konsequent, ausdauernd und halten lange durch. Wenn wir sie daran erinnern, ihre Hausaufgaben zu erledigen, steigern sie sich in „diese

24

Aufgabe" schnell hinein. Sie beginnen zuerst mit tiefen Tönen, es folgen nun sehr schrille, laute und hohe Töne, sodass uns die Ohren klingeln. Aber zu unserem Erstaunen geben die *„Sirenen-Heuler"* noch eine Zugabe und es geht noch zwei Oktaven höher.
Sollten Sie doch mal lachen, wundern Sie sich nicht, es könnte ihnen eine weitere höhere Oktave ermöglichen.

Also wenden wir uns ihnen zu, bis sie sich irgendwann wieder beruhigt haben. Die *„Sirenen-Heuler"* sind im Erziehungsalltag in ihrem Verhalten sehr konsequent und hartnäckig.

2.3.6 Das sensible Kind

Das sensible Kind ist zurückhaltend und manchmal in sich verschlossen, wir bemerken es kaum. Im Kindergarten sitzt es anfangs oft in einer Ecke, weint in sich hinein und zittert wie Espenlaub. Das sensible Kind redet wenig, sondern muss sich nach einem Verbot erst mal länger beruhigen.

Schnell bekommen wir ein schlechtes Gewissen und fragen uns, ob wir nicht doch zu hart entschieden haben.

Nicht selten geben wir demzufolge nach.

2.4 Fragwürdige Krankheitszuschreibungen

Den verschiedenen Persönlichkeiten der Kinder werden heutzutage leider häufig Krankheiten zugeschrieben. Anbei ein kleiner Überblick:

<u>Weghören versus Konzentrationsstörungen</u>

Wenn Kinder auf unsere Anforderungen nicht reagieren, machen wir uns Sorgen und Gedanken über ihren Gesundheitszustand. Wir fragen uns, ob sie schlecht hören können oder gar Wahrnehmungsdefizite haben?

Im Erziehungsalltag machen wir die beruhigende Erfahrung, dass sehr viele Kinder ausgezeichnet hören können.

Die natürliche Form der Konzentration erzeugen die Kinder beim Spielen selbst. Man kann diese immer dann beobachten, wenn sie tief in ihr Spiel versunken und so auf die eigene Handlung konzentriert sind, dass sie weder Geräusche noch uns um sich herum wahrnehmen. So ist es verständlich, dass unsere Anweisungen zeitweise gar nicht mehr gehört werden.

<u>Beispiel:</u>

Zwei Kinder werfen sich gegenseitig einen Ball zu – sie versuchen den Ball so lange wie möglich in der Luft zu halten, bis dieser auf dem Boden aufkommt.

Dabei konzentrieren sie sich darauf, ihre persönliche *„Bestmarke"* aufzustellen – dies wäre ein Spiel, dessen Sinn nur im und für das Spiel relevant ist.

Diese Handlungsweise können wir im Grunde bei allen Spielen beobachten – auch beim Fußball, Fangen, Verstecken und anderen. Die Tätigkeit ist selbst das Ziel – es gibt keinen anderen Sinn, der nicht im Spielen selbst liegt. Dieser Selbstbezug ermöglicht es ihnen, eine Art *„Parallelwelt"* zu erschaffen, die ganz allein für sich steht. Es ist für den normalen Alltag völlig unerheblich, ob sie beim Fußball gewinnen oder verlieren – es macht nur einen Unterschied im Spiel selbst.

Diskussion versus Verhaltensstörungen

Kinder diskutieren bekanntlich für ihr Leben gern. Wir hinterfragen diesen Sachverhalt, verstehen nicht, warum Kinder immer das letzte Wort haben wollen. Manchmal wissen sie alles besser, aber warum?

Haben wir ihnen zu wenig Aufmerksamkeit und Liebe gegeben?
Liegt es vielleicht an der Trennung vom Partner?
Übernimmt mein Kind etwa eine Partnerrolle?

Fragen bereiten uns Sorgen, wir werden unsicher, machen uns Gedanken. Doch wir können alle beruhigt sein.

Kinder diskutieren, um geschickt ihre Wünsche durchzusetzen, um an ihr Ziel zu kommen. Diskussionen sind ein Zeichen von Intelligenz!

Wut und Aggression versus AD(H)S

Wut, Aggression, Temperament und Lebhaftigkeit sind ein Zeichen gesunder Kinder. Die Symptome einer Aufmerksamkeitsdefizit-Hyperaktivitätsstörung – *AD(H)S* – sind leider zum Verwechseln ähnlich. Dennoch zeigen sich klare Unterschiede.

Kinder mit einem AD(H)S haben große Schwierigkeiten sich an Regeln und Grenzen zu halten und integrieren sich sehr schwer in eine Kindergruppe.
Im Kindergarten beteiligt sich ein *„AD(H)S-Kind"* äußerst selten konstruktiv an Gruppenspielen. Es erlebt das Spielen mit anderen als Überforderung und versucht daher solchen Situationen auszuweichen oder attackiert andere.

Zudem haben *„AD(H)S-Kinder"* eine sehr niedrige Frustrationstoleranzgrenze, was das Spielen in der Gruppe fast unmöglich macht. Ebenso sind sie beim Spielen sehr ausgelassen, teils ungeschickt und haben wenig Gespür für Gefahren. Sie laufen häufig weg und rennen ungehalten auf die Straße.

Ein hyperaktives Kind benötigt daher eine klare Struktur, die ihm Halt gibt. Bei Mädchen ist häufig keine

Hyperaktivität vorhanden. Sie neigen eher zu Träumereien, sind völlig im Spiel versunken und trödeln gerne.

Durch dieses störende Verhalten in der Gruppe werden die positiven Eigenschaften von „AD(H)S-Kindern" oft nicht wahrgenommen. Viele sind höchst aufgeschlossen, neugierig, fröhlich, wissbegierig, begeisterungsfähig und energiegeladen. Kreativität und Intelligenz sind ebenfalls häufig anzutreffende Eigenschaften.
„AD(H)S-Kinder" sind oft Improvisationskünstler.

Leider wird heutzutage lebhaften Kindern viel zu schnell ein AD(H)S zugeschrieben. Die Folgen sind erdrückend und schwerwiegend, insbesondere nach einer nicht notwendigen medikamentösen Behandlung. Dieses grenzt an Kindesmissbrauch.

Traurigkeit versus Selbstwertmangel

Grenzen werden gesetzt, Anforderungen gestellt. Die Kinder reagieren verletzt, werden traurig, ziehen sich zurück und reden nicht mehr mit uns. Wir machen uns Gedanken, werden ängstlich. Was steht hinter diesen Verhaltensweisen?

Sind unsere Kinder unsicher geworden, müssen sie mehr aus sich herauskommen, fressen sie alles in sich herein, leiden sie unter einem mangelnden Selbstwertgefühl?

Selbstunsichere Kinder wirken im Verhalten oft schüchtern und kontaktgestört. Es gibt aber auch Kinder, deren Probleme im Umgang mit anderen sich eher durch ein distanzloses Verhalten zeigen.

Gemeinsam ist diesen Kindern, dass sie Probleme haben, angemessen in Kontakt zu anderen zu treten, weil ihnen die richtigen Strategien hierfür fehlen. Dieses führt dann zu Problemen im Verhalten.

Diese Erscheinungsform ist streng von der sogenannten *„Traurigkeit"* zu unterscheiden, weil Kinder ihren Willen nicht bekommen. Hierbei handelt es sich schlicht um alltägliche Machtkämpfe. Diese Kinder setzen die Traurigkeit als Mittel zum Zweck ein.

3. Machtkämpfe und Erziehungsprobleme

3.1 Die Erschöpfung

Die alltäglichen Machtkämpfe der Kinder und deren Versuche, sich uns gegenüber gezielt durchzusetzen, sind keine Interaktionsprobleme. Beginnen wir aber im Erziehungsalltag zu erschöpfen und es gelingt uns nicht mehr, angemessen auf diese Machtkämpfe zu reagieren, spricht man von Erziehungsproblemen.

Die Erschöpfung erkennen wir an folgenden Kriterien:

- Wir reagieren im Alltag gereizt und genervt, kleine Dinge bringen uns dann schon auf die Palme.

- Wir vergessen schnell, manchmal haben wir das Bedürfnis, alles aufzuschreiben.

- Endlich haben wir mal eine halbe Stunde ganz für uns allein und können diese doch nicht erholsam nutzen, sondern suchen schon nach einer weiteren Aufgabe.

- Wir werden krank, häufig am Wochenende oder im Urlaub.

3.2 Erziehungsprobleme entstehen schleichend

Wenn wir dauerhaft an den Machtkämpfen erschöpfen, sprechen wir von Erziehungsproblemen. Uns fehlt dann oftmals die Kraft, die Machtkämpfe der Kinder einzugrenzen. Dieser Erschöpfungszustand entsteht schleichend, wir merken ihn anfangs kaum. Erschöpfen wir körperlich, werden uns unsere Erziehungsprobleme bewusst.

Beispiele einer schleichenden Erschöpfung:

-   Es ist normal geworden, dass die Kinder im Ehebett schlafen oder der Partner gar ins Kinderzimmer umzieht.

-   Restaurantbesuche werden aus Angst vermieden.

-   Telefonate können nicht in Ruhe geführt werden.

-   Wir merken als Erzieher/innen gar nicht mehr, wie laut es in der Kindergruppe zugeht.

-   Wir wünschen uns als Erziehungsberater/in, dass Familien bestehende Termine absagen, wir empfinden sie als anstrengend.

-   Wir führen Gespräche mit dem Kind auf unserem Schoß. Auch wenn wir uns in manchen Situationen dadurch nicht richtig auf unseren Gesprächspartner einlassen können, belassen wir es dabei, aus Angst, das Kind könnte schreien.

3.3 Wenn Kinder sozial auffällig werden

Wenn wir erschöpfen und den Kindern keinen ausreichenden Halt mehr geben können, besteht die Gefahr, dass Kinder sozial auffällig werden:

- Kinder überschreiten Grenzen in Gruppen.

- Kinder spielen den Kasper.

- Kinder stören zunehmend den Unterricht.

- Kinder haben keine Lust, sich zu konzentrieren.

- Kinder ziehen sich zurück, schließen sich aus Gruppen aus.

- Kinder schreien vermehrt, wenn sie etwas nicht bekommen.

- Kinder hauen oder beißen des Öfteren, wenn sie etwas wollen.

- Kinder *„übergeben"* sich schon bei kleinen Anforderungen.

Diese möglichen Auffälligkeiten der Kinder können ihren Ursprung in der Erziehung haben. Erfahren Kinder von uns keine Grenzen, weil wir zu erschöpft sind, testen sie diese gerne in Kindergärten, Schulen oder auch bei Freunden aus.

Natürlich sollte man vorerst immer abklären, ob andere Ursachen in Betracht kommen. So könnte beispielsweise *„das Stören im Unterricht"* auch Konzentrationsdefizite als Ursache haben.

Soziale Auffälligkeiten rühren meist aus der Erziehung. Daher bieten sich uns aber gleichsam Mittel und Wege, selber etwas daran zu verändern. Sind Kinder sozial auffällig, entspricht es nicht einer psychischen Störung. Kinder können nur auf die Grenzen reagieren, die wir ihnen zu geben imstande sind.

3.4 Erziehungsprobleme – ein Problem der Eltern?

Wir haben erfahren, dass Machtkämpfe vermehrt zwischen Eltern und Kindern auftreten, da die Eltern ihre engsten Bezugspersonen sind.

Aber selbstverständlich können Kinder auch anderen Personen gegenüber ihre Grenzen austesten.

Dazu folgende Beispiele:

- Machtkämpfe zwischen Kindern und Großeltern

- Machtkämpfe zwischen Kindern

- Machtkämpfe zwischen Kindern und Erziehern

- Machtkämpfe zwischen Kindern und Lehrern

- Machtkämpfe zwischen Kindern und Babysittern

4. Der Erziehungsrahmen

Wie sollen wir nun auf diese Machtkämpfe reagieren, damit wir nicht erschöpfen und den Kindern Halt und Orientierung geben?

Wann sollen wir eingreifen, wann nicht?

Es gibt zwei Bereiche, in denen wir klar eine Entscheidung treffen, manchmal auch zur Unzufriedenheit der Kinder:

4.1 Verantwortung der Eltern

Unsere Aufgabe besteht darin, im Sinne der Fürsorgepflicht gegenüber Kindern Regeln aufzustellen, auch wenn diese damit nicht einverstanden sind.
So könnte unsere Verantwortungsübernahme für Kinder aussehen:

- In Krankheitsfällen der Kinder treffen wir alle notwendigen Entscheidungen.

- In gefährlichen Situationen dürfen wir Kinder immer an die Hand nehmen und festhalten, auch wenn ihre Körperspannung gezielt nachlässt und sie sich fallen lassen.

- Möchten wir vom Spielplatz aus nach Hause gehen, dürfen wir im Sinne unserer Fürsorgepflicht unser Kind mitnehmen, auch wenn es gerne noch weiterspielen möchte.

- Wenn Kinder sich untereinander streiten und eines dem anderen vom Alter her deutlich unterlegen ist, dürfen wir in deren Streit eingreifen und diesen beenden. Wir tragen die Verantwortung für das unterlegene Kind.

- Wir dürfen bei kleinen Kindern die körperliche Hygiene kontrollieren und sie dazu anhalten, sich gründlich zu waschen und die Zähne zu putzen.

- Wir haben bei schulpflichtigen Kindern die Aufsicht über die Hausaufgaben. Wir dürfen alle Hefte einsehen, die Hausaufgaben kontrollieren und auf eine Bekanntgabe aller Klassenarbeitstermine und -ergebnisse bestehen.

- Wir entscheiden darüber, wann Kinder zu Hause sein sollen.

4.2 Der individuelle Bereich

Wir alle kennen Situationen, in denen Kinder unseren eigenen, ganz persönlichen Bereich stören. Dieser individuelle Bereich bezieht sich vorerst auf unsere Räume:

- Wohnzimmer
- Schlafzimmer
- Küche
- Esszimmer
- Arbeitszimmer
- Badezimmer

In diesen Räumen entscheiden wir. Natürlich dürfen Kinder alle Räume mit benutzen und ihre Wünsche äußern. Am Ende haben wir jedoch in unseren Räumen immer das letzte Wort.

Möchten Kinder im Wohnzimmer mit uns fernsehen, dürfen wir es zulassen, wenn aus unserer Sicht nichts dagegen spricht. Möchten wir aber mal allein sein, sollten Kinder unsere Entscheidung akzeptieren.

<u>Zudem beinhaltet der individuelle Bereich noch weitere Freiheiten:</u>

- Wir haben ein Recht darauf, beim Telefonieren nicht gestört zu werden.

- Wir haben ein Recht darauf, dass sich Kinder bei den Mahlzeiten so benehmen, dass uns das Essen nicht vergeht.

- Wir haben ein Recht darauf, mal ein paar Minuten für uns zu sein.

- Wir haben ein Recht darauf, abends nicht mehr Rede und Antwort stehen zu müssen.

- Wir haben ein Recht darauf, in wichtigen Gesprächen die Kinder mal vom Schoß zu nehmen.

- Wir haben ein Recht darauf, nicht immer mit Kindern spielen zu müssen. Wir sind auch so gute Eltern, Pädagogen oder Erwachsene.

Der individuelle Bereich hat einen sehr hohen Stellenwert. Er schafft uns Freiräume und Erholung. Außerdem gibt er uns Kraft. Es ist entscheidend, dass wir diesen Bereich immer für uns wahren, um nicht zu erschöpfen.

40

4.3 Freiräume der Kinder

Kinder brauchen Gewissheit. Es ist wichtig zu wissen, *„wer, wo, was"* zu sagen hat. Unsere Bereiche wurden im letzten Abschnitt aufgezeigt. Aber auch Kinder brauchen ihre Freiräume, in denen sie selbst entscheiden dürfen. Diese geben ihnen das Gefühl, nicht ständig unterlegen zu sein. Uns schafft der freie Bereich der Kinder auch eine große Entlastung, denn hier können wir die Verantwortung einmal abgeben:

Gefühle der Kinder

Kinder haben ein Recht auf ihre Gefühle. Sie dürfen weinen, wütend sein, uns hassen oder gar blöd finden. Dabei ist wichtig, dass sie mit ihren Gefühlen keinen von uns verletzen. Sie sollten uns nicht *„anpöbeln"*, das beeinträchtigt unseren individuellen Bereich. Wüten sie aber kräftig in ihrem Kinderzimmer, dürfen wir dieses Verhalten durchaus akzeptieren, solange wir uns nicht außerordentlich gestört fühlen.

Wir sind auch nicht verantwortlich für ihre Gefühle. So dürfen Sie Ihre Kinder auch mal schreiend im Kindergarten abgeben, ohne sich schlecht fühlen zu müssen. Als Erzieher/innen wiederum dürfen wir die Kinder gerne auch mal tobend den Eltern übergeben.

Gefühle der Kinder kann man nicht wegzaubern, man kann nur versuchen, einen Weg zu finden, damit umzugehen.

Kinder haben ihre eigene Meinung

Meinungen unterscheiden sich, das ist gut so. Kinder haben eigene Idole, Vorbilder und Interessen. Wir sollten versuchen, die eigene Meinung der Kinder zu fördern und uns nicht verletzt fühlen, wenn sie Dinge einmal anders sehen.

Wenn Kinder nicht essen

Kinder haben keinen Hunger, wer kennt das nicht? Wir fühlen uns schnell verantwortlich, sie zum Essen zu bewegen. Wir reden mit ihnen, wir versuchen sie zu überzeugen, wir machen Druck.

Kinder müssen nicht essen, sie können selbst entscheiden. Wir tragen zwar die Verantwortung, was wir zu den Mahlzeiten anbieten, die Kinder wiederum entscheiden darüber, ob sie etwas essen möchten oder nicht. Wir ersparen uns sehr viel Stress, wenn wir diese Verantwortung an die Kinder zurückgeben.

Kinder machen nur so die Erfahrung, dass sie gegebenenfalls bis zur nächsten Mahlzeit warten müssen, wenn sie nicht innerhalb der vorgegebenen Zeiträume Nahrung zu sich nehmen.

In der Zwischenzeit sollten wir ihnen aber nicht die Möglichkeit geben, sich mit Süßigkeiten satt zu essen, denn so würde sich das gesamte Essverhalten verändern. Es sind wichtige Erfahrungen, die die Kinder durchlaufen müssen.

Wir sollten immer drauf achten, dass alle Kinder zu jeder Mahlzeit erscheinen. Auch wenn sie keinen Hunger haben, sollten sie zumindest so lange warten, bis alle anderen Kinder aufgegessen haben. Dann können sie aufstehen und sich anderen Dingen zuwenden.

Streit der Kinder untereinander

Kinder streiten sich und schon sind wir bemüht, die Konflikte zu regeln und Harmonie herbeizuschaffen. Jedoch sollte der Inhalt eines Streits vorerst Sache der Kinder bleiben. Wir brauchen nicht als Schiedsrichter eingreifen. Meist sieht sich jedes Kind im Recht, sodass wir als Schlichter keinem gerecht werden können. Unsere Aufgabe besteht lediglich darin, den Streit zu unterbinden, wenn wir diesen nicht mehr verantworten können oder uns durch den Streit der Kinder in unserer Privatsphäre gestört fühlen.

Freizeitgestaltung

Freizeit ist die Zeit, die Kinder weitestgehend nach ihren Interessen und Vorstellungen gestalten können. Wir sehen uns eher als Begleiter denn als Kontrolleure und Entscheider der Aktivitäten unserer Kinder.

Kinder haben insgesamt vielfältige Interessen. Auch wenn der Sport eine herausragende Rolle einnimmt, neigen sie in ihrem Freizeitverhalten dazu, das verfügbare Spektrum an Möglichkeiten und Angeboten in vielfältiger Weise zu nutzen. Hierzu zählt auch die Beschäftigung mit allgemeinen Medien.

Wie lange Medien aber genutzt werden, dürfen Eltern entscheiden, da sie die Verantwortung für ihre Kinder tragen.

5. Fragwürdige Umsetzungswege

5.1 Der Appell an das Verständnis der Kinder

Nicht selten hoffen wir auf das Verständnis der Kinder. Wir wünschen uns, dass sie sich mal in unsere Lage hineinversetzen:

„Weißt du eigentlich, wie nervig es für mich ist, wenn ich dich jeden Tag ermahnen muss, die Hausaufgaben zu machen?"

Da aber alle Kinder *„ich-zentriert"* denken, werden sie sich kaum einsichtig zeigen können. Wenn ein Kind sich nicht anziehen will, schreit, sich auf den Boden wirft, wird es mit allen Mitteln versuchen, sich uns gegenüber durchzusetzen – auch wenn es unsere Beweggründe versteht, möchte es sich doch keinesfalls anziehen. Lange Diskussionen und Appelle greifen daher nicht.

5.2 Belohnungen

„Ich bekomme für jeden Einser zwei Euro und für jeden Zweier einen Euro", erzählt der zehnjährige Leon. Geld für gute Schulnoten, ein Eis nach jedem Arztbesuch, einen Euro für das Aufräumen des eigenen Kinderzimmers.

Mit solchen Belohnungen möchten wir die Leistung des Kindes anerkennen. Auf den ersten Blick eine nette Geste. Beim zweiten Hinsehen wird schon klarer, was daraus entstehen kann. Wir begeben uns damit in eine Abhängigkeit zu den Kindern. Sie strengen sich irgendwann nur noch an, wenn es dafür eine Gegenleistung gibt:

„Wenn du möchtest, dass ich jetzt ins Bett gehe, was bekomme ich dafür?"

Kinder, die es gewohnt sind, ständig belohnt zu werden, lernen daraus, für jedes erwünschte Verhalten eine Belohnung zu erhalten. Das gewünschte Verhalten zeigen sie also nicht aus einer inneren Überzeugung heraus.

Kinder sind von Natur aus neugierig und verfügen in der Regel über ausreichend Ideen und Kreativität. Außerdem sind sie immer bemüht, etwas aus eigener Kraft zu schaffen und daran Freude oder Stolz zu empfinden. Wenn wir Kinder für alles belohnen, lässt dieses jedoch nach. Sie zeigen sich unselbstständig, da sie von äußeren Bewertungen immer abhängiger werden.

Darunter leidet ihre Selbsteinschätzung und Selbstwirksamkeit. Sind Belohnungen für Kinder nicht zu erreichen, obwohl wir uns nach besten Kräften darum bemühen, so werden sie entmutigt. Sie geben alle Bemühungen auf, womit für uns ein *„Teufelskreis"* beginnt:

„Wenn wir eh nicht in den Freizeitpark fahren, dann habe ich auch keinen Bock mehr aufzuräumen!"

Belohnungen sollten deshalb nicht vermieden werden, doch sollten wir versuchen, sie überlegt zu vergeben.

5.3 Bestrafungen

Noch heute sieht man in dieser Methode ein wirksames Mittel, Kinder dazu zu bewegen, angemessenes Verhalten zu zeigen, indem sie für ein unerwünschtes Verhalten bestraft werden:

„Wenn du jetzt nicht in den Kindergarten gehst, darfst du heute Abend nicht mehr fernsehen!"

Meistens vergeht zu viel Zeit zwischen den Machtkämpfen und der Strafe. Es besteht kein zeitlicher und inhaltlicher Bezug zwischen der Strafe und dem Nichteinhalten einer Grenze, sodass Kinder Schwierigkeiten haben, den Zusammenhang nachzuvollziehen und zu verstehen.

Ein Kind, das durch sein *„Fehlverhalten"* die von ihm gewünschte Aufmerksamkeit erhält, nimmt die Strafe dafür gern in Kauf – je älter ein Kind wird, umso schwieriger wird es für uns, diese Methode anzuwenden, da Kinder gelernt haben, Bestrafungen geschickt zu umgehen, indem sie auf unsere Forderungen gar nicht mehr reagieren.

6. Erfolgreich Grenzen setzen

Im Erziehungsalltag ist es wichtig, dass man Regeln und Werte im Zusammenleben festlegt und vorlebt. Den Kindern sollte auf umsichtige und verantwortungsvolle Art und Weise Einhalt geboten werden. Grenzen zu setzen bedeutet aber auch, dass es für uns in manchen Situationen äußerst unangenehm werden kann.

Wer kennt nicht die Aussage: *„Ich hasse dich"*, *„du darfst nicht mehr mit mir spielen"*, *„du bist nicht mehr mein Freund / meine Freundin"*, *„ich will sofort zu Oma!"*

Wie können wir Kindern gegenüber Grenzen setzen?

6.1 Einheitliche Erziehung

Wir sollten uns darüber einig sein, welche Regeln in unserem Zusammenleben wichtig sind. Wenn wir uns nicht darüber austauschen, verunsichern wir die Kinder.

Schwierig wird es, wenn wir den Ärger mit dem Partner über das Kind austragen, wenn Papa beispielsweise seinem Sohn erlaubt, noch eine halbe Stunde zu spielen, weil Mama es verboten hat und dann noch eine Verschwörung anzettelt:

„Aber nichts der Mama sagen, sonst meckert sie wieder!"

Solche Konflikte belasten die Kinder. Sie sind überfordert, wenn sie Partei ergreifen müssen und entwickeln Schuldgefühle.

Wenn wir feststellen, dass wir auffallend oft mit unserem Partner darüber streiten, was gut für die Kinder ist und was nicht, dann sollten wir genauer hinsehen, ob es nicht um etwas ganz anderes geht. Haben wir vielleicht als Paar Probleme, die es zu lösen gilt?

Im Gespräch unter vier Augen kann es uns gelingen, die Meinung des anderen zu verstehen und sogar als interessante Bereicherung anzunehmen.

Auch wenn es dabei manchmal *„heiß her"* geht: Im Streit gibt man sich gegenseitig die Möglichkeit, die Gefühle des anderen zu erfahren. Enttäuschung und Kummer kommen an die Oberfläche, die vielleicht schon lange unterdrückt waren. Wenn wir Vertrauen in den anderen setzen, lässt sich mancher Streit zum Guten wenden.

Vor den Kindern sollten wir uns keinesfalls gegenseitig die Autorität nehmen:

„Mensch, sei doch nicht immer so hart zu unserem Sohn, hattest du mal wieder einen schlechten Tag oder warum spinnst du jetzt hier so rum? Er hat doch gar nichts gemacht!"

So würden wir den anderen vor den Kindern in seiner Autorität abwerten, wodurch es für den abgewerteten Partner noch schwieriger wird, gegenüber seinem Kind Grenzen zu setzen und seine Autorität zu wahren.

6.2 Echtheit

Oft versuchen wir im Erziehungsalltag uns ruhig zu verhalten, doch entspricht das selten unserem Gefühlsleben.

Zeigen Sie Ihr Gefühl!

Streit, Wut und Ärger, aber auch Trauer und Glück kommen in jeder Familie vor und sind wichtig. Wenn Sie innerlich vor Wut hochgehen, sollten Sie sich nicht dazu zwingen, freundlich zu lächeln. Das verunsichert Kinder nur. Sie dürfen Ihnen ruhig anmerken, dass Sie gerade so richtig sauer und genervt sind. Ihre Kinder nehmen sich ja auch nicht zurück.

Drücken Sie Ihren Ärger aus und lassen Sie Platz für Lösungsvorschläge:

„Es nervt, wenn deine Jacke schon wieder auf dem Boden liegt, obwohl ich vorhin gerade erst aufgeräumt habe!"

Wenn Sie sich wieder beruhigt haben, sollten Sie diese gefühlsmäßige Veränderung Ihrem Kind ebenso klar signalisieren.

Je mehr wir uns unserer Gefühle bewusst sind, umso größer ist die Wahrscheinlichkeit, dass Kinder in konstruktiver Weise heranwachsen werden. Dieses bedeutet, dass wir offen Gefühle und Einstellungen erleben. Es gibt eine Übereinstimmung zwischen dem, was emotional erlebt wird, was uns bewusst ist und was wir letztlich Kindern gegenüber ausdrücken.

Das bedeutet nicht, dass Sie ihnen gegenüber zu jedem Zeitpunkt Ihre Gedanken, Gefühle und Bedürfnisse mitteilen. Vielmehr ist es von Bedeutung, dass wir uns unserer inneren und äußeren Wahrnehmungen bewusst sind. Wir akzeptieren dabei eigene Möglichkeiten, Bedürfnisse, Grenzen und Vorurteile und teilen sie gegebenenfalls den Kindern mit.

6.3 Klares Ansprechen

Anweisungen sollten immer klar und deutlich formuliert werden. Schwammige Aussagen wie *„Wenn du zu lange vor dem Computer sitzt, bekommst du Ärger!"* erzeugen Unklarheit.

Was ist *„zu lang"*?

Besser wäre: *„Du darfst noch fünfzehn Minuten spielen, dann wird der Computer ausgemacht!"*

Wir sollten daher bei jeder Grenze prüfen, ob der Rahmen für die Kinder klar und deutlich ist. Um besonders die

Kleinen nicht zu überfordern, sollten Anweisungen nicht allgemein formuliert, sondern in kleine Schritte unterteilt werden:

Statt: *„Räume dein Zimmer auf!"*
Besser: *„Räume zuerst deinen Trecker in die Kiste, dann deine Bauklötze. Und dann kommst du zu mir, damit ich dir beim Anziehen helfen kann."*

Auch die Konsequenzen sollten mitgeteilt werden:

„Mache es jetzt, sonst kommen wir zu spät zum Geburtstag!"

6.4 Geradlinigkeit in der Erziehung

Kinder denken *„ich-zentriert"*, sie sehen ihre Bedürfnisse als unverzichtbar an. Das ist gesund und normal.

Es ist daher ratsam, sich keine Hoffnung zu machen, mit Hilfe einer kräfteraubenden Diskussion eine Verhaltensänderung zu erreichen.
Langwierige Erklärungen helfen nicht weiter, die Kinder würden schnell auf Durchzug schalten.

Weil wir Menschen aber lieber nach Harmonie streben als die Auseinandersetzung zu suchen, laufen wir Gefahr, inkonsequent zu werden. Weil wir möchten, dass unsere Kinder uns wohlgesinnt sind, laufen wir Gefahr, uns in sinnlose Diskussionen einzulassen. Wenn die Kinder merken, dass wir gerne ihre Zustimmung hätten, können sie sich nicht mehr an uns orientieren und suchen nach Halt. Folglich sind wir auf verlorenem Posten. Sie hören nicht mehr auf uns, tun nicht das, was wir ihnen sagen und suchen sich ihren eigenen Weg. Dieser ist dann leider auch häufig mit Irrtümern gepflastert.

Wir dürfen also nicht um ihre Bestätigung kämpfen, sondern müssen ihnen mit unserer Geradlinigkeit und Konsequenz den Halt geben, den sie brauchen.
Wenn wir die sinnlosen Diskussionen nicht mitmachen, heißt das nicht, dass wir ihnen nicht mehr zuhören. Ein ehrliches Gespräch ist wichtig und kann durchaus Sinn machen. Manchmal ist es auch nötig, die Auseinandersetzung mit den Kindern und Jugendlichen zu suchen.

Sie brauchen ein offenes, ehrliches und geradliniges Gegenüber, an dem sie sich orientieren können. Kinder sehnen sich nach Auseinandersetzungen mit uns Erwachsenen. Sie wollen ernst genommen werden, was nicht bedeutet, dass man ihnen immer zustimmt.

Auch als Pädagogen/innen und Fachkräfte stehen wir in der Verantwortung, den Kindern ein reifes Gegenüber zu sein, das ihnen die nötige Sicherheit gibt. Nicht sie müssen uns sagen, wo es lang geht und schon gar nicht, ob wir gute Erziehungsberechtigte sind.

Wir müssen uns diese Frage selbst beantworten, angesichts der Lebensaufgaben, die sie später einmal zu bewältigen haben.

Wenn wir ihnen Halt und Orientierung geben, schaffen wir Geborgenheit. So können sie starke und selbstbewusste Persönlichkeiten werden.

6.5 Kinder altersgerecht fordern

Trauen Sie Ihrem Kind etwas zu. Das Leben ist voller neuer Situationen, die Kinder früher oder später meistern müssen. Um sich weiterzuentwickeln, brauchen Kinder angemessene Anforderungen und Erfolgserlebnisse. Sie müssen lernen, dass es sich lohnt, sich anzustrengen und Mut zu zeigen. Nehmen Sie Kindern also nicht immer alles ab, sondern geben Sie ihnen altersgemäße Aufgaben. Ein Schulkind kann sich beispielsweise selbst ein Schulbrot schmieren, Brötchen holen oder Freunde anrufen. Je öfter Kinder die Erfahrung machen, dass sie ein Problem ohne fremde Hilfe bewältigt haben, desto mutiger und selbstständiger werden sie in Zukunft sein.

6.6 Konsequente Erziehung

Wer eine Forderung an Kinder richtet, sollte diese auch umsetzen. Die Kinder können uns nur ernst nehmen, wenn wir auch glaubhaft bleiben.

„Darf ich spielen?"

Wenn Kinder diese Frage stellen, dabei immer fordernder werden oder uns sogar erpressen wollen, sollten wir auf keinen Fall aus Unsicherheit sofort zustimmen.

Wer nachgibt, weil er seine Ruhe haben will oder Kinder nicht traurig sehen mag, verliert seine Autorität. Denn auf diese Weise lernen Kinder, dass sie nur hartnäckig genug sein müssen, um zu bekommen, was sie wollen. Die Folge sind Dauerdiskussionen und Streit.

6.7 Zu viele Regeln frustrieren

Besteht das Leben nur aus Regeln, wäre das ganz schön öde. Wenn Kinder immer nur *„Nein"* oder *„Das darfst du nicht"* hören, frustriert sie das. Setzen Sie wenige, aber klare Grenzen und geben Sie Ihrem Kind dazwischen den nötigen Freiraum. Besprechen Sie altersgerecht die Verbote und ihren Hintergrund.

7. Tipps für den Erziehungsalltag

7.1 Kinder und ihre Gefühle

7.1.1 Wenn Kinder jammern

Es gibt Kinder, die in einem weinenden und quengelnden Tonfall sprechen. Es ist nicht nur eine Angewohnheit, sondern auch eine innere Einstellung. Das Jammern entspringt dem hilflosen Anteil in uns, der will, dass andere alles für uns tun, hilflos ist und sich permanent beschwert. *„Verwöhnt-werden-wollendes Verhalten"* ist *kein schlechtes Verhalten und* geschieht nicht aus einer böswilligen Absicht, sondern ist eine früh gelernte und selbstverständlich gewordene Gewohnheit.

Marco läuft wütend durch den Kindergarten und schimpft:

„Meine Mutter ist eine blöde Kuh! Wieder diese blöden Tomaten!"

Seine Mutter hat ausnahmsweise Tomaten statt des üblichen Nougatcremebrotes in seine Sandwich-Box gelegt.

Wir alle kennen diese Situationen: Lieber decken wir den Tisch selbst, aus Angst, es könnte etwas herunterfallen. Wir ziehen Kindern schnell die Jacke an, weil wir es wieder mal eilig haben.

Jammernde Kinder, die nicht unterbrochen werden, entwickeln sich später meist zu nörgelnden Erwachsenen. Machen Sie sich bewusst, wann Kinder zu jammern beginnen. Meistens möchten sie etwas haben und sagen es anfangs in einem normalen Tonfall. Dann werden sie lauter. Wenn wir auf ihren Wunsch nicht eingehen, beginnen sie schließlich, sich in lautstarkes Gejammer hineinzusteigern.

Nehmen Sie sofort Augenkontakt auf, wenn Ihr Kind das nächste Mal jammert und verlangen Sie, dass es *„normal"* mit Ihnen redet. Zeigen Sie Ihrem Kind, wie man in einer normalen Tonlage spricht.

Immer wenn Ihr Kind wegen etwas jammert, sprechen Sie mit dem *„Rede normal mit mir!"* dazwischen. Die Wortwahl ist wichtig.

Machen Sie Ihren Kindern klar, dass Jammern nicht schön ist – weder für Sie noch für andere. Stellen Sie sicher, dass Ihr Kind das Verlangte nur dann bekommt, wenn es in einer *„normalen"* Tonlage spricht. Das heißt natürlich nicht, dass es immer auch alles bekommt, wenn es nur im richtigen Tonfall danach fragt. Es muss selbstverständlich trotzdem lernen, ein *„Nein"* zu akzeptieren.

7.1.2 Wenn Kinder wütend sind

Gefühle werden oft in gut oder schlecht unterteilt, aber jedes Gefühl ist wichtig, so ist die Wut die Kraft in uns. Sie ist unser Antrieb zur Selbsterhaltung. Kinder haben keine Hemmungen, offen ihre Gefühle zu zeigen. Egal ob Freudenschrei oder Wut, diese halten jedoch selten lange an. Mit dem Heranwachsen müssen sie lernen, mit ihren Gefühlen angemessen umzugehen und in konstruktive Bahnen zu lenken. Wir können Kindern dabei helfen und ihnen aufzeigen, wie sie angemessen mit ihrer Wut umgehen können.

Frau Meier sagt zu ihrem fünfjährigen Sohn:

„Du kannst alles denken, was du willst. Wenn du aber auf mich wütend bist, dann gehe bitte in dein Zimmer, dort kannst du über mich schimpfen, wütend sein und mich einfach nur blöd finden. Ich möchte aber nicht, dass du mir immer hinterherläufst und mich beschimpfst, das nervt mich!"

Als ihr Sohn eines Tages so richtig wütend auf sie ist, läuft er zu ihr und sagt:

„Mama, du weißt genau, wie ich jetzt gerade über dich denke?!"

Und wie so häufig im Leben, ist es die Mischung, die es macht: Wenn sich jemand schlecht behandelt fühlt, darf er sich dagegen laut und mit Nachdruck wehren – und zwar rechtzeitig, bevor er den anderen körperlich attackiert.

Wut und Gewalttätigkeit ist übrigens nicht dasselbe: Unter Gewalt versteht man fehlgeleitete Wut, Grenzen werden überschritten. Zeigt ein Kind zu wenig Wut, wird es vielleicht als Schwächling angesehen und von anderen Kindern gemobbt. Zu viel Wut hingegen macht ein Kind unbeliebt und stempelt es als aggressiv ab. Was wir tun müssen, ist die Balance dazwischen zu finden und sie den Kindern zu vermitteln.

Bestehen Sie darauf, dass Ihr Kind seine Wut mit Worten ausdrückt. Es soll laut und deutlich sagen, dass es wütend ist und wenn möglich auch, warum es wütend ist:

„Bist du auf deinen Bruder wütend, weil er dir das Auto weggenommen hat oder bist du sauer, weil du so lange darauf warten musstest, dass ich mein Telefonat beende?"

Schon bald wird Ihr Kind Ihnen sagen können, was der Auslöser seiner Wut ist. Zeigen Sie Ihrem Kind, dass seine Gefühle gehört werden:

„Ich weiß, dass du keine Lust hast noch länger Hausaufgaben zu machen. Ich kann es jetzt aber nicht ändern."

Machen Sie deutlich, dass körperliche Gewalt als Ausdruck von Wut nicht akzeptabel ist. Greifen Sie in solchen Fällen sofort ein. Helfen Sie Ihrem Kind, seine Wünsche zu äußern. Wenn Ihr Kind sich über eine Situation beschwert, die ihm nicht passt, braucht es manchmal Unterstützung, angemessen zu reagieren:

Erstes Beispiel:

Kind: *„Mike hat mich gehauen!"*

Eltern: *„Dann sage ihm ganz laut, dass er das lassen soll. Wenn er nicht aufhört, dann darfst du dich auch angemessen körperlich wehren."*

Zweites Beispiel:

Kind: *„Marie hat mir die Puppe weggenommen!"*

Eltern: *„Geh hin und sage ihr, dass die Puppe dir gehört und dass du sie wieder haben willst."*

Wir sollten Kindern erlauben, dass sie sich anderen gegenüber auch körperlich wehren dürfen, wenn sie angegriffen werden. Jeder Mensch hat das Recht, sich zu wehren.

Wir sollten allerdings mit gutem Beispiel vorangehen. Am meisten lernen Kinder durch die Beobachtung. Leben wir also vor, wie wir mit Wut umgehen.

Wenn Sie wütend werden, drücken Sie es aus. Sprechen Sie laut und deutlich und zeigen Sie offen Ihre Wut. Gehen Sie dann wieder zur Tagesordnung über. So lernt Ihr Kind, dass man Wut ausdrücken kann und sie dann verraucht.

Sagen Sie auch öfter einmal:

„Ich bin wütend und genervt! Lass mich bitte jetzt in Ruhe. Ich ärgere mich, dass du nicht aufgeräumt hast."

So lernen Kinder mehr, als wenn Sie immer liebenswürdig, vernünftig oder ruhig bleiben und erkennen, dass Eltern auch nur Menschen sind.

Geben Sie Ihren Kindern Zeit, den Umgang mit Wut zu erlernen. Seien Sie froh, wenn Ihr Kind irgendein Zeichen von Zurückhaltung an den Tag legt – sei es, dass es sich bemüht, ein anderes Kind nicht zu hauen oder dass es laut sagt: *„Ich hasse dich!"*

Und bedenken Sie: Viele Erwachsene haben bis heute noch nicht gelernt, angemessen mit ihrer Wut umzugehen.

7.1.3 Wenn Kinder Angst haben

Wir erweisen Kindern keinen Gefallen, wenn wir ihnen Angst um jeden Preis ersparen wollen. Angstfrei aufgewachsene Kinder können nur schwer im Leben bestehen. Es ist für Kinder wichtig, wenn sie erleben, dass Ängste ein Teil von ihnen und zu verkraften sind.

Die dazu notwendigen Erfahrungen fallen leichter, wenn sich Kinder in ihrer Umwelt geborgen und gehalten fühlen und so Vertrauen entwickeln können.

Unerschrockenen Kindern fällt es deutlich schwerer, Gefahren richtig und angemessen einzuschätzen.

Fremdeln

Fremdeln ist nicht die Folge eines Erziehungsfehlers, sondern ist Ausdruck eines wichtigen neuen Entwicklungsschrittes. Die Kleinen beginnen im Alter von ungefähr sieben Monaten Personen, die sich ihnen nähern, zu vergleichen. Sie erkennen, dass Gesichtszüge, Stimme und Geruch nicht mit ihren Eltern übereinstimmen und schon geht das *„Heulen"* los. Denn die Feststellung, dass man den anderen ja gar nicht erkennt, bereitet ihnen Angst. Vor solchen Ausbrüchen sind nicht einmal enge Familienangehörige sicher.

Fremdeln können Sie verringern, indem Sie Ihr Kind schon früh mit anderen Personen aus Ihrem Umfeld vertraut machen und von diesen vertrauensvoll mitversorgen lassen. Verhindern Sie aber, dass Ihr Kind zu vielen neuen Eindrücken ausgesetzt wird. Führen Sie es lieber langsam und stetig an *„Fremdes"* heran.

Angst vor Dunkelheit

„Hilfe, ein Monster!" Max rennt um sein Leben, doch das Ungeheuer kommt näher und näher. Panik packt ihn, ein lauter Schrei, er reißt die Augen auf – und sieht sein Kinderzimmer.

Monster, Gespenster, Geister – vor allem Kinder zwischen drei und sieben Jahren leiden an diesen Ängsten und können nicht einschlafen, da ihre Fantasie mit ihnen durchgeht. Diese Ängste sind ganz normal und nicht behandlungsbedürftig.

Was aber sollen wir tun?

Wir sollten versuchen, Kindern das Einschlafen zu erleichtern, lassen Sie die Tür zum Kinderzimmer auf, ein kleines Lämpchen angeschaltet und erklären Sie verdächtige Geräusche. Entfernen Sie Vorhänge, die störende Schatten werfen. Achten Sie aber darauf, dass Ihr Kind weiterhin in seinem Zimmer schläft und sich nachts nicht in Ihr Bett schleicht. Nur so wird es Wege finden, mit seinen Ängsten angemessen umzugehen.

Leidet ein Kind häufiger unter starken Albträumen und hat schon Angst vor dem Einschlafen, sollten wir fachliche Hilfe in Anspruch nehmen.

Verlustangst

In letzter Zeit hat Leon wahnsinnig Angst, seine Eltern zu verlieren. Er kommt nachts, schaut, ob sie noch da sind und legt sich heimlich zu ihnen ins Bett, bis seine Eltern es bemerken und ihn wieder in sein Bett zurückbringen. Dieses Spiel kann durchaus mehrmals in der Nacht ablaufen. Früh am Morgen fühlen sich alle gerädert und völlig erschöpft. Als seine Eltern ihn morgens daraufhin ansprechen, antwortet er:

„Ich habe Angst!"

Ständig müssen sie sagen, wo sie hingehen und wie lange es dauert.

Ein weiteres Beispiel:

Die kleine Stefanie schreit den ganzen Tag über. Es ist zeitweise ein richtiges Winseln, Jammern und Weinen. Stefanie lässt ihre Mutter nirgends alleine hingehen. Sogar wenn sie aufs Klo geht, möchte sie mit. Auch der Papa darf sie nicht ins Bett bringen, dann ruft sie sofort wieder nach ihrer Mama.

Diese Art von Trennungsangst kennen alle, die mal einen netten Kinoabend verbringen wollten, der Kleine aber nur mit einem Heulkonzert bei Oma blieb.

Eine räumliche Trennung sollte man auf jeden Fall üben. Am besten, indem man zunächst im gleichen Raum bleibt, das Kind alleine spielen lässt und es dann darauf aufmerksam macht, dass man den Raum verlassen und in das Badezimmer gehen wird. Man darf sich auch gerne mal im Badezimmer einschließen, stellen Sie aber Ihrem Kind ihm vertrautes Spielzeug vor die Tür. Nach fünf Minuten öffnen Sie diese und nehmen es einfach in Ihre Arme. Vielleicht ist Ihr Kind dann wütend oder brüllt, diese Reaktionen sind aber durchaus normal. Diese Übung wiederholen Sie mehrmals am Tag. Das kindliche Vertrauen wird gestärkt, wenn es spürt, dass eine räumliche Trennung von den Eltern ihm nicht schadet.

Angst vor Trennung und Scheidung

Als Anjana nach Hause kommt, scheint auf einmal alles anders zu sein. Ihre Mutter sitzt weinend am Esstisch und wirkt völlig fassungslos.

„Was ist denn los, Mama?"

Ihre Mutter schluchzt nur.

„Dein Vater hat uns verlassen. Was soll jetzt aus uns werden?"

Trennungen sind ganz normale Lebenserfahrungen, die man Kindern leider nicht immer ersparen kann.

Einige Kinder reagieren auf die Trennung mit Entwicklungsrückschritten. So nässen einige wieder ein, obwohl sie eigentlich schon trocken waren. Andere entwickeln Schuldgefühle. Von ihnen kommen oft Äußerungen wie:

„Wenn ich jetzt immer rechtzeitig ins Bett gehe, dann müsst ihr nicht mehr streiten, dann kann Papa zurückkommen."

Kinder reagieren häufig mit Hilflosigkeit und Traurigkeit.

Sie müssen aber durch eine Trennung keinen Schaden nehmen, wenn sie weiterhin Liebe und Unterstützung von beiden Elternteilen erfahren.

Wenn ihre Eltern sich nicht mehr unterhalten, sich des Öfteren anschreien, sich körperlich attackieren und das Kind sich nicht mehr sicher fühlt, kann die eigentliche Trennung sogar eine Erleichterung bringen.

Die Tatsache, dass ein Elternteil weniger verfügbar ist, muss kein Nachteil sein. Wichtig ist, dass beide Elternteile ihrem Kind signalisieren, dass sie es weiterhin lieben.
Beide Elternteile sollten dem Kind zeigen, dass sie weiterhin zu ihm stehen.

Die Kinder sollten immer eine feste Bezugsperson und einen Hauptwohnsitz haben. Gleichzeitig sollte ihnen immer die Möglichkeit gegeben werden, das weniger verfügbare Elternteil in regelmäßigen Abständen zu besuchen.

Was sollten wir bei einer Trennung beachten?

- Entlastung der angespannten Familienatmosphäre durch Einbeziehung von Verwandten und Freunden.

- Raum und Zeit zum Verarbeiten der Gefühle geben.

- Klare Wohnverhältnisse schaffen – Kinder müssen wissen, bei welchem Elternteil sie zukünftig leben werden.

- Gespräche mit Lehrern und Erziehern führen – zur Entlastung der Kinder.

- Wir sollten Kinder niemals für die Trennung verantwortlich machen und ihnen die Schuld daran geben.

- Kinder sollten niemals elterliche Aufgaben übernehmen, sondern ihre Kindheit ausleben.

- Der Kontakt zu beiden Elternteilen sollte immer gefördert werden.

7.1.4 Wenn Kinder trotzen

Der vierjährige Andreas liegt in einem Supermarkt mit wutverzerrtem Gesicht auf dem Boden und schreit, dass einem die Ohren klingeln. Die umstehenden Leute beginnen zu *„tuscheln"* und runzeln die Stirn.

Was war passiert?

Die Eltern haben gerade bezahlt und das Geld der Kassiererin übergeben, das war passiert! Er wollte das aber selbst machen und nun spielt sich ein unbeschreibliches Drama ab. Wenn Kinder zum ersten Mal trotzen, prallen zwei Welten aufeinander, die Welt der Eltern und die Welt der Kinder.

Konfliktsituationen lassen sich nun leider nicht mehr so harmonisch regeln, ein *„Nein!"* wird von Kindern nicht mehr einfach akzeptiert.

Wie sollen wir auf solch ein Verhalten reagieren?

Meistens kommen Kinder mit zwei bis vier Jahren in die sogenannte Trotzphase. Das Kind löst sich mehr und mehr von den Eltern und erkennt, dass es ein eigenes *„Ich"* mit eigenen Bedürfnissen ist. Es begibt sich nun in das Abenteuer der Unabhängigkeit und wird von uns immer wieder gebremst.

Früher sprach man davon, dass Kinder bewusst ihre Grenzen austesten wollen. Autorität und Strenge wurden angeraten.

Andere rieten dazu, diese Machtkämpfe einfach zu ignorieren und mit Nichtbeachtung zu bestrafen.

Heute hingegen weiß man, dass diese alltäglichen Trotzanfälle in jeder Altersklasse mehr oder weniger stark vorkommen.

Das Kind erkennt, dass es eigene Wünsche und Bedürfnisse hat und aus eigenem Willen handeln kann.

Die Autonomie des Kindes entwickelt sich stetig. Leider sind ihm dabei oft mehr Grenzen gesetzt als ihm lieb ist.

Nicht jeder Wille des Kindes kann von uns erlaubt werden, manche Dinge lassen sich einfach nicht ändern oder passen gerade nicht in unseren Zeitrahmen. Also trotzt das Kind, wenn es kein Eis bekommt, wenn es abends ins Bett muss. Aus seiner Sicht ist diese Wut begründet und nachvollziehbar, auch wenn der Anlass uns als Bagatelle erscheint.

Wie sollen wir darauf reagieren?

Kinder testen in dieser Phase ihre Grenzen, gleichzeitig möchten sie von uns geliebt werden – da sie sich nicht durchsetzen konnten. Sie wünschen sich, dass ihr Streben nach mehr Selbstständigkeit von uns unterstützt wird. Das ist natürlich nicht immer möglich, denn es ist auch unsere Aufgabe, Kindern klare Grenzen zu setzen und ihnen Struktur und Halt zu geben. Aber es gibt unendlich viele kleine Situationen, in denen es sich lohnt, dem Kind viel mehr Freiraum zu geben. Lassen Sie es Dinge ausprobieren, die Ihnen die Arbeit erleichtern: Sich selbst anziehen oder Zahnpasta auf die Zahnbürste geben. Sie werden bald merken, dass die Selbstständigkeit vielleicht im ersten Moment mehr Zeit beansprucht – langfristig werden Sie aber von jedem kleinen Fortschritt profitieren.

Ganz nebenher wird Ihr Kind zufrieden feststellen, was es schon alles gelernt hat – seine Autonomieentwicklung wird unterstützt.

Wenn *„nein"* auch wirklich *„nein"* heißt

Manche Wünsche der Kinder sollten dennoch mit einem klaren *„nein"* verboten werden und es gehört dazu, sich gelegentlich unbeliebt zu machen.

<u>Beispiel:</u>

Ihr Kind schmeißt sich im Supermarkt auf den Boden, schreit und brüllt. Nun dürfen Sie es aufheben und auch strampelnd an der Kasse vorbeitragen.
Bitte erschrecken Sie nicht, wenn Ihr Sprössling auf einmal ruft:

„Aua, du tust mir weh!"

Ihr Kind spürt seine Grenze und ist gefrustet, dass sich sein Wunsch nicht erfüllt. Dieses Verhalten ist ganz normal.

7.2 Kinder und ihre Aufgaben

7.2.1 Wenn Kinder sich nicht waschen

Die meisten Kinder entwickeln, zumindest phasenweise, eine ausgesprochene Abneigung gegen das Waschen, Anziehen, Haare kämmen und Zähne putzen, viel lieber lutschen sie ihre Zahnbürste nur ab, anstatt sie sinngemäß zu benutzen.

Regelmäßiges Händewaschen sollte auch für die Kleinen zwingend sein. Denn gerade Kinder wollen ihre Umgebung mit beiden Händen ertasten und erfahren. Um sie so vor Infektionskrankheiten zu schützen, hilft nur der Gang ins Badezimmer. Mit ein paar Grundregeln, die z. B. die Verwendung von Seife oder aber ein Händewaschen vor jeder Mahlzeit beinhalten, dürfte dieses bald kein Problem mehr sein. Manche Kinder darf man durchaus auch mal in das Badezimmer tragen, wenn sie keine Lust haben, sich zu waschen. Wir sollten diesbezüglich darauf achten, dass wir uns nicht in Diskussionen verstricken.

Auch das Schneiden der Fingernägel sollte nicht außer Acht gelassen werden. Manche Kinder haben Angst vor der Nagelschere. Führen Sie Ihre Kinder spielerisch an das Schneiden der Fingernägel heran, indem Sie Ihr Kind bei Ihrer eigenen Nagelpflege zuschauen lassen. Wenn Ihr Kind sich verweigert, besteht auch die Möglichkeit, die Nägel im Schlaf zu schneiden. Die meisten Kleinkinder wachen davon nicht auf.

72

7.2.2 Wenn Kinder nicht in die Kita gehen

Wenn nicht erhebliche Gründe dagegen sprechen, sollten Sie die morgendliche Routine beibehalten und auch ein quengelndes Kind in den Kindergarten bringen. Dabei ist es auch möglich, dass Sie Ihr Kind *„halb-angezogen"* im Kindergarten abgeben, wenn Sie dafür pünktlich erscheinen.

Wenn die Rituale immer wieder unterbrochen werden, gewöhnt sich das Kind an die Unbeständigkeit, umso eher wird es immer wieder Diskussionen über die Notwendigkeit des Kindergartenbesuchs geben.

Denken Sie bitte daran, dass die Abgabesituation möglichst kurz sein sollte, damit sich der Druck für Ihr Kind nicht erhöht. Eine kurze Verabschiedung ist wichtig, danach dürfen Sie Ihr Kind der Erzieherin mit folgenden Worten übergeben:

„Hier ist mein Sohn, alles Gute und viel Spaß noch!"

Sollten Sie der Meinung sein, dass ab und zu eine *„Kindergarten-Auszeit"* nötig ist, gestalten Sie den gemeinsamen Vormittag keinesfalls attraktiv.

Wenn Ihr Kind merkt, dass die gemeinsame Zeit mit Ihnen langweiliger verläuft als im Kindergarten, wird es nicht mehr das Gefühl haben, zu Hause etwas zu verpassen.

7.2.3 Wenn Kinder nicht aufräumen

Kleinere Kinder sind beim Aufräumen noch auf unsere Hilfe angewiesen, sie benötigen eine Anleitung, an der sie sich orientieren können.

Erklären Sie, was wohin geräumt werden soll: Das Auto gehört in die Kiste, der Teddy auf den Schrank. Räumen Sie gemeinsam mit dem Kind auf. Legen Sie genau fest, wer was wegräumt. Wenn sich Ihr Kind weigert, bleiben Sie konsequent und hartnäckig, halten Sie Ihr Kind so lange bei sich, bis es seine Sachen weggeräumt hat, auch wenn es sich vor Wut auf den Boden wirft.

Zeigen Sie Ihre Freude über das aufgeräumte Zimmer. Werden die Kinder älter, kann man ihnen mehr Verantwortung übergeben.

Spätestens im Jugendalter sind Kinder in der Lage, selbstständig Ordnung zu halten. Einzelne Tätigkeiten werden oft noch von den Erwachsenen übernommen. Sagen Sie Ihren Kindern vorher Bescheid, wenn Sie ihr Zimmer betreten.

Beim Thema Aufräumen ist Konsequenz ein wichtiges Stichwort. Wenn Sie eine Forderung an Ihre Kinder richten, sollte diese auch umgesetzt werden. Meckern und dann doch alles selbst tun, führt dazu, dass die Kinder auf Durchzug schalten, wir verlieren damit unsere Autorität.

Helfen Sie nicht beim Suchen von Dingen. Findet Ihr Kind beispielsweise seine Socken nicht, muss es eben selbst suchen. Die Bemerkung: *„Das hab ich dir doch gleich gesagt..."* bringt hier weniger als die Tatsache, dass das Kind selbst merkt, dass es so nicht geht.

Geschwister streiten oft ums Aufräumen. Besonders, wenn sie ein Zimmer gemeinsam nutzen. Schaffen Sie Klarheit, teilen Sie die Aufgaben selbst ein: Jedes Kind räumt beispielsweise die Dinge auf, die es selbst liegen gelassen hat.

Zeigen Sie Ihrem Kind, wenn es Ihnen zu unordentlich ist.

Sie möchten die Fenster putzen, können aber das Zimmer kaum betreten: Manche Eltern saugen sich den Weg zum Fenster frei.

Sagen Sie lieber deutlich, dass Ihnen das so nicht gefällt. Oft ist das Kinderzimmer eine einzige Chaoszone, dass selbst Ihr Kind sich nicht mehr wohl fühlt. Es verlagert dann gerne Aktivitäten in Ihre Räume. Da wird auf einmal im Wohnzimmer oder in der Küche gespielt. Machen Sie Ihrem Kind klar, dass es nicht noch weitere Räume in Beschlag nehmen kann. Also: Zimmer aufräumen!

7.2.4 Wenn Kinder keine Hausaufgaben machen

„Ich kann das sowieso nicht, ich bin zu blöd". „Ich habe keinen Bock mehr!"

Neben Fernsehen, Essen, Computerspielen, Höhe des Taschengeldes und Aufräumen des Kinderzimmers ist die Erledigung der Hausaufgaben ein beliebtes Streitthema.

Wie können wir Kinder aber dazu motivieren?

Zuerst sind optimale Arbeitsbedingungen wichtig. Die Hausaufgaben sollten am besten immer am gleichen Platz gemacht werden, im Kinderzimmer.

Vereinbaren Sie feste Hausaufgabenzeiten mit Ihrem Kind. Lassen Sie es selbst entscheiden, wann es seine Aufgaben machen möchte. Manche Kinder wollen gleich nach dem Mittagessen anfangen, andere sind noch zu aufgedreht, frustriert oder erschöpft und möchten erst eine Pause einlegen. Die ideale Zeit fürs Lernen ist etwa eine Stunde nach dem Mittag.

Pausen sind für Kinder wichtig und notwendig. Die Konzentrationsfähigkeit des Kindes lässt nach ca. dreißig Minuten stark nach. In der Pause sollten Kinder immer etwas ganz anderes machen, um sich von der geistigen Arbeit zu erholen.

Insgesamt sollten Hausaufgaben aber nicht länger als eineinhalb Stunden andauern, allerdings sind diese Angaben altersabhängig.

Legen Sie mit Ihrem Kind eine klare Abfolge der Hausaufgaben fest und teilen Sie die Hausaufgaben immer in kleine Teilschritte ein. Damit werden die Aufgaben für das Kind besser überschaubar, diese Vorgehensweise fördert die Motivation.

Wenn Ihr Kind behauptet, dass es zu den Songs seiner Lieblingsband besser lernen kann, ist das nicht ganz falsch. Erfüllen Sie ihm diesen Wunsch ruhigen Gewissens. Generell sollte die Musik immer nur leise im Hintergrund laufen. Schauen Sie anschließend die Aufgaben durch, um zu kontrollieren, ob Ihr Kind trotz Musik richtig arbeiten konnte.

Lassen Sie Ihr Kind unbedingt ein Hausaufgabenheft führen und kontrollieren Sie dieses Heft täglich.
Bereiten Sie mit Ihrem Kind gemeinsam die Schultasche für den nächsten Tag vor, achten sie aber darauf, dass Ihr Kind diese selbstständig einräumt. Sollte es starke Konflikte rund um das Thema Hausaufgaben geben, besteht auch die Möglichkeit, eine Nachhilfe zu organisieren. Fremde Personen stellen immer eine Autorität dar, dadurch haben sie es einfacher, Kinder an die Hausaufgaben heranzuführen. Sind die Hausaufgaben erst einmal gemacht, kann sich Ihr Kind beruhigt anderen Dingen zuwenden.

7.2.5 Wenn Kinder nicht ins Bett gehen

Kinder gehen abends nicht gerne ins Bett, viel lieber wollen sie noch spielen oder fernsehen. Zunehmend werden sie gereizter, weinerlicher und aggressiver. Sobald sie dann aber doch endlich im Bett liegen, schlafen sie meistens schnell ein. Am nächsten Morgen sind sie dann ausgeruht und wieder umgänglich. Der Schlaf ist für Kinder sehr wichtig, wir müssen aufpassen, dass wir uns dabei nicht in endlose Machtkämpfe verwickeln lassen.

Manchmal ist eine klare Ansage *„ohne wenn und aber"* hilfreicher als endlose Ermahnungen und Diskussionen. Auf der anderen Seite sind wir keineswegs inkonsequent, wenn wir den Kindern mal erlauben, eine Stunde länger aufbleiben zu können.

Entscheidend ist es, dass wir unseren eigenen Weg finden.

Eltern wissen am besten, wie ihre Kinder zur Ruhe kommen. Manchmal ist es auch hilfreich, den Kindern, sofern sie Ferien haben, den richtigen Zeitpunkt zum Einschlafen selbst bestimmen zu lassen. Das Einschlafen lässt sich nicht erzwingen.

Was tun bei verzögertem Einschlafen?

Das verzögerte Einschlafen ist keine ernst zu nehmende Schlafstörung, die dadurch gekennzeichnet ist, dass die Kinder zwar problemlos zu Bett gehen, aber nicht sofort einschlafen, wobei Ereignisse und Konflikte des Tages durchaus eine bedeutsame Rolle spielen können.

Bis zum Schulalter tritt diese Form der Schlafstörung eher selten auf. Zugleich ist sie bei Schulkindern die häufigste Form der Schlafstörung.

Haben Kinder einen ereignisreichen Tag hinter sich, kann es passieren, dass ihre Fantasie mit ihnen durchgeht. Manchmal glauben sie im Schatten an der Wand ein Ungeheuer zu entdecken oder böse Geister zu erkennen. Oder das Gluckern in der Heizung wird zum Grummeln eines Monsters.

In einer solchen Situation kann die Angst übermächtig werden. Deshalb ist es wichtig, dass die Kinder mit ihrer Schlafumgebung vertraut sind, ein kleines Licht anhaben oder die Tür zum Kinderzimmer anlehnen. Ein Stofftier, eine Puppe oder was immer ihnen Sicherheit gibt, sollte sie im Schlaf begleiten.

Ihre Angst ist immer real und wirklich. Eltern sollten aber darauf achten, dass sich ihre Kinder nicht unbemerkt in das elterliche Schlafzimmer schleichen, sodass der Vater möglicherweise freiwillig ins Kinderzimmer auswandert.

Nach dem abendlichen Ritual sollten wir darauf achten, dass wir den Kindern nicht mehr *„Rede und Antwort"* stehen, wichtige Fragen können gerne auch am nächsten Tag beantwortet werden.

Darum sollten wir uns gerade bei dieser Art der Schlafstörung klar und eindeutig verhalten, indem wir ihre Ängste ernst nehmen und gelassen damit umgehen, finden sie die Ruhe, die sie für ihren gesunden Schlaf brauchen.

In extremen Fällen sollten Sie Ihren erfahrenen Kinderarzt befragen oder sich fachlichen Rat bei einer Erziehungsberatungsstelle holen.

7.3 Kinder und allgemeine Herausforderungen

7.3.1 Wenn Kinder sich streiten

Auch wenn man öfter daran zweifelt: Kinder brauchen den Umgang mit anderen. Der Besuch einer Schule oder einer Kita ist wichtig für die soziale Entwicklung eines jeden Kindes, denn miteinander auskommen will gelernt sein und dazu gehört eben auch das Austragen von Konflikten. Nicht immer spielen Kinder harmonisch miteinander, wie wir uns das wünschen.
Sie können sich auf die Wünsche und Bedürfnisse anderer noch nicht einstellen, geraten deswegen oft aneinander und werden schnell handgreiflich:

„Mama, der haut mich immer, ich habe gar nichts gemacht!"

Was können wir in so einer Situation tun?

Am besten ist es, sich erst einmal zurückzuhalten und zu schauen, was genau passiert. Dann kann man oft mit ansehen, dass die Kinder den Streit unter sich lösen können und schnell alles wieder in Ordnung ist. Greift man hingegen ein, bekommt der Streit erst dadurch eine Bedeutung, die er ursprünglich gar nicht hatte. Meistens regeln Kinder ihre Konflikte untereinander, wenn sich etwa das angegriffene Kind wehrt, dem Angreifer eine Grenze setzt und sich beide danach wieder vertragen. An Konflikten reifen Kinder und stärken ihr Selbstwertgefühl.

Wir greifen immer dann in den Streit ein, wenn wir diesen nicht mehr verantworten können oder der Konflikt uns selbst zu sehr beeinträchtigt.

Denken Sie daran, dass Sie sich nicht dabei auf die Seite eines Kindes stellen. Meistens können wir nicht beurteilen, wer angefangen hat, es sei denn, wir haben ganz genau hingesehen. Deswegen ist es ratsam, sich nicht in den Streit hineinziehen zu lassen. Es genügt, die Streithähne zu trennen und jeden ein bisschen zu trösten und abzulenken: *„Auseinander, Schluss jetzt! Es ist völlig egal, wer was gemacht hat! Es reicht!"*

7.3.2 Wenn Kinder lügen

Dennis wirft vor den Augen der Eltern wütend Papas Modellauto auf den Boden. Auf die Frage, weshalb er das gemacht habe, antwortet er:

„Das war ich nicht, das war meine Schwester."

Es fällt uns schwer, mit Lügen umzugehen. Schnell kommt die Frage nach Fehlern in der Erziehung. Doch Kinder müssen erst lernen, was es bedeutet, die Unwahrheit zu sagen. Oftmals setzen Kinder Lügen ein, um ihre Ziele zu erreichen.

Wenn Max keine Lust hat, seine Hausaufgaben zu machen, könnte er seinen Eltern mitteilen:

„Wir haben am Freitag generell keine Hausaufgaben mehr auf!"

Es steckt keine Böswilligkeit dahinter, sondern nur der sehnliche Wunsch nach ausgiebigem Spielen.

„Lügen haben kurze Beine" oder *„Wer einmal lügt, dem glaubt man nicht"* – wer kennt sie nicht, die alten Sprichwörter.

Umso schockierter sind wir dann, wenn wir Kinder beim Lügen erwischen.

Schnell laufen wir Gefahr, dass wir uns auf eine anschließende Moralpredigt einlassen: *„Wenn du lügst, kann ich dir nicht mehr vertrauen."*
Drohungen sind ebenso die falsche Reaktion: *„Lügst du mich noch einmal an, ziehst Du zu Papa!"*

Vielmehr heißt es erst einmal Ruhe bewahren! Sicher ist es nicht schön, wenn ein Kind uns belügt. Doch wer kann schon von sich behaupten, noch nie gelogen zu haben?

Was tun?

Schuldzuweisungen sollten vermieden werden. Sagen Sie einfach zu Ihrem Kind*:*

„Ich glaube, dass du nicht ehrlich bist. Ich werde jetzt deine Lehrerin anrufen und nachfragen, ob das stimmt, was du mir sagst."

Wenn wir Kinder beim Lügen erwischen, dann sprechen wir sie darauf an, möglichst sachlich und undramatisch. Wir drohen ihnen nicht, auch sprechen wir keine Schuldzuweisungen aus, denn dadurch kommen Kinder sich klein und wertlos vor.

Allerdings sollten wir immer klar handeln. Wenn Kinder mal wieder einen Schokoriegel mopsen, ohne es gewesen zu sein, können wir für uns eine klare Entscheidung treffen, die da lautet: Alle Süßigkeiten werden ab sofort sicher eingeschlossen.

Es ist wichtig, mit den Kindern über Lügen und mögliche Ursachen zu sprechen. Wir sollten Kinder loben, wenn sie in einer schwierigen Situation die Wahrheit sagen, sei es, sie kommen mit einer schlechten Note zu uns oder sie haben gerade eine Fensterscheibe kaputt geschossen. Das ist zwar nicht toll, aber es ist sehr mutig, dass sie uns gegenüber die Wahrheit sagen!

Sollten sich Ihre Kinder durch Lügen verstricken, bieten Sie ihnen an, eine Konfliktsituation gemeinsam zu lösen.

7.3.3 Wenn Kinder beißen

Wir alle kennen den kleinen Wüterich, der nach anderen haut, wenn ihm etwas verboten wird. Oder den Mini-Sandkastenrambo, der anderen Kindern gleich die Schippe über den Kopf zieht, ihnen in den Arm beißt, wenn er nicht sofort den gewünschten Bagger bekommt.

Aber was sollen wir tun, wenn Kinder plötzlich ein aggressives Verhalten zeigen und andere beißen?

Wir sagen *„Nein"*

Gehen Sie auf Ihr Kind zu, geben Sie ihm einen Moment Zeit, sich zu beruhigen und sprechen Sie dann auf Augenhöhe mit ihm.

Sprechen Sie klar und mit wenigen Worten:

„Nein, du beißt mich nicht, das will ich nicht."
„Beißen tut anderen weh!"

Wir dürfen Kinder nun einige Minuten bei uns halten, bis sie sich beruhigen. Wenn allerdings kleine Kinder voller Wut zu beißen versuchen, sollten wir diesen Angriff abwehren, ihre Hände festhalten. Werfen sie sich jetzt vor Wut auf den Boden, hören aber auf zu beißen, werten wir dieses Verhalten als Erfolg, da sie ihren Frust jetzt angemessener ausleben. Bedrängen uns Kinder weiter, besteht auch die Möglichkeit, sie aus unseren Räumen zu schicken. Kinder lernen schnell, dass sie sich mit ihrem Verhalten nicht durchsetzen können.

Wenn Kinder durch den Biss erreicht haben, dass sie den gewünschten Bagger nun in ihren Händen halten, müssen wir sofort einschreiten, indem wir uns den Bagger umgehend zurückholen.

Wir sollten Kindern andere Wege aufzeigen, um sich abzureagieren. Zeigen wir ihnen, dass sie uns ihre Wut *„laut"* mitteilen dürfen oder wie man mit dem Fuß aufstampft. Wenn sie schon älter sind, können sie ihren Ärger auch mit Worten ausdrücken: *„Ich hasse dich!"*

Beißen Sie niemals Ihre Kinder, denn dann überschreiten wir eine Grenze, die körperliche Integrität der Kinder wird nicht mehr gewahrt.

Kinder können nicht verstehen, warum sie nicht beißen dürfen, wenn wir es selbst tun.

Natürlich wollen wir nicht die ganze Zeit neben Kindern stehen und aufpassen, aber wir bleiben – wann immer es uns möglich ist – in ihrer unmittelbaren Nähe und sind vorausschauend genug, um den nächsten Biss zu verhindern.

Achten Sie darauf, dass Kinder beim Spielen viel Platz benötigen, sonst verhalten sie sich wie wilde Haie, besonders Jungen. Es ist daher ratsam, mit ihnen auch mal auf den Spielplatz zu gehen und ihnen Raum zu geben.

Beißende Kinder sind keine schlechten Wesen, sie meinen es eigentlich nicht böse. Wir müssen ihnen nur Wege aufzeigen, es besser zu machen.

Wie behandeln wir einen Biss?

- Die Bisswunde gründlich mit Wasser auswaschen und mit einer kalten Kompresse kühlen.

- Wenn der Biss durch die Haut hindurch geht, sollten wir sofort den Kinderarzt konsultieren. Menschenbisse sind nicht ungefährlich und können ernsthafte Infektionen zur Folgen haben, dieses Risiko wird leider oft unterschätzt.

- Wenn eine Bisswunde anschwillt, sich stark rötet oder Kinder hohes Fieber bekommen, sollten wir sofort einen Arzt aufsuchen.

7.3.4 Wenn Kinder Fragen stellen

Immer wollen sie alles wissen. Die Fragerei der Kinder kann für uns manchmal ganz schön anstrengend sein. Vor allem, wenn es um immer gleiche Zusammenhänge oder peinliche Sachverhalte geht.

Fritz steht mit Mama an der Kasse und sieht einen älteren Herrn vor sich:

Fritz: *„Hallo, wie heißt du denn?"*
Mutter: *„Fritz, sei still, das macht man nicht!"*
Fritz fragt weiter: *„Kaufst du immer so viel ein?"*
Mutter: *„Sei leise!"*
Fritz: *„Warum bist du so dick, bist du schwanger?"*

Da wünschen wir uns alle ein ganz großes Loch zum Untertauchen.

Und die kleine Pfütze, die am Morgen noch da war, ist am Abend weg. Warum bloß? Kein Wunder also, dass Kinder uns Löcher in den Bauch fragen:

„Wie spät ist es?" – „Acht Uhr." – „Woher weißt du, dass es acht Uhr ist?" – „Weil der kleine Zeiger auf der Acht steht." – „Wieso steht er auf der Acht?"

Diese Fragerei kann manchmal ganz schön nervig sein. Vor allem dann, wenn immer und immer wieder nach denselben Zusammenhängen gefragt wird. Nicht selten fühlen wir uns provoziert und angegriffen.

Kinder sind neugierig und möchten ihre Welt bestätigt wissen. Daher wünschen sie sich jeden Abend die gleiche Gute-Nacht-Geschichte oder möchten immer die gleiche Antwort auf ihre Frage hören. Eine bestätigte Welt gibt ihnen Sicherheit und schafft Vertrauen und Orientierung.

Wenn unsere Erklärungen öfter variieren, sind Kinder verunsichert und reagieren wie folgt: *„Das stimmt nicht, du lügst!"*

Gerne dürfen wir Kinderfragen beantworten, Kinder reifen daran. Wir sollten die kindliche Welt akzeptieren. Es kann sehr belebend sein, unsere Welt einmal mit Kinderaugen zu sehen.

Wenn die Fragen der Kinder uns aber nerven oder für andere peinlich sind, dürfen wir ihnen jederzeit auch klare Grenzen aufzeigen:

„Marvin, jetzt nervt die Fragerei, ich beantworte keine weiteren Fragen mehr!"

So lernen Kinder, dass sie uns nicht immer und überall mit Fragen *„beschießen"* können.

7.3.5 Wenn Kinder nicht essen wollen

„Ich esse meine Suppe nicht! Nein, meine Suppe esse ich nicht!"

Wohl die meisten Eltern kennen die Geschichte vom Suppen-Kasper aus dem *„Struwwelpeter" von Heinrich Hoffmann*. Häufig erleben wir diese Szene auch live am heimischen Mittagstisch:

Kennen Sie das auch?

Ihr Kind dreht beim Füttern den Kopf weg, sitzt lustlos vor seinem Teller oder stochert gelangweilt im Essen herum. Bei den meisten Kindern kommt das nur ab und zu mal vor, aber andere scheinen häufig keinen richtigen Appetit zu haben. Wir bekommen da schnell Angst, Kinder könnten Schaden nehmen. Der Druck der Gesellschaft, die immer noch meint, Kinder müssen alles aufessen, verunsichert uns noch mehr.

Fast jeder hat Kindern schon mal gedroht, wenn sie ihren Salat nicht aufessen wollten:

„Wenn du jetzt keinen Salat ist, wirst du ganz doll krank!"

Die Kinder merken schnell, welche Bedeutung das Essen für uns hat, können es aber nicht verstehen. Warum sollen sie denn essen, wenn sie doch keinen Hunger haben und viel lieber spielen wollen? Kinder reagieren trotzig und verweigern das Essen. Die täglichen Machtkämpfe am Tisch beginnen.

Wie sollen wir uns nun aber verhalten?

- Wir tragen für die Essenszubereitung die Verantwortung, wir entscheiden letztendlich immer, was wir zu jeder Mahlzeit anbieten. Trotzdem beziehen wir die Kinder zeitweise in die Essensplanung mit ein.

- Kinder sollten alle Speisen wenigstens einmal probieren, wenn sie etwas nicht mögen, brauchen sie es nicht aufzuessen.

- Kinder lieben die Vielfalt, daher ist es ratsam, das Angebot zu variieren.

- Bei Kindern isst immer das Auge mit. Sie lieben Buchstabennudeln oder witzig geschnitztes Gemüse. So wird das Essen zu einem Erlebnis.

- Wir sollten Kindern nur eine kleine Portion auf den Teller geben. Jetzt können sie selbst entscheiden, ob diese Portion reicht oder nicht. So sind wir nicht genötigt, wertvolle Reste wegzuwerfen.

- Wir sollten darauf achten, dass wir Kinder gesund ernähren. So lassen sich leicht Säfte mit Wasser als Schorle verbinden oder bieten Sie ihnen als Nachtisch einen leckeren Apfel an.

- Wir müssen uns bewusst sein, dass wir für unsere Kinder ein Vorbild sind. Wenn wir selbst lustlos vor dem Salat sitzen und jammern, dass es schon wieder so ein Grünfutter gibt, dann wird aus den kleinen Kindern vermutlich kein *„Salattiger"* werden. Wir sind Vorbilder, ob wir es wollen oder nicht. Wenn Kinder beim Essen nicht streiten dürfen, muss das Gleiche auch für uns gelten.

- Wenn Kinder keinen Hunger mehr haben, sollten sie zumindest noch so lange am Tisch sitzen bleiben, bis alle Kinder satt sind. Dann dürfen sie den Esstisch verlassen und weiterspielen.

- Kinder empfinden Essen oft als lästige Unterbrechung ihres Spiels. Ist die Mahlzeit dann vorbei, bekommen sie recht bald Hunger und beginnen zu nerven. Dem sollten Sie konsequent vorbeugen: Bestehen Sie darauf, dass sich Ihre Kinder zu den Mahlzeiten immer mit an den Tisch setzen. Sollten sie dennoch keinen Appetit bekommen, müssen sie nichts essen. Achten Sie aber darauf, dass Sie ihnen zwischendurch keine Süßigkeiten anbieten. Ein kleiner Obstteller hingegen ist völlig in Ordnung. So lernen Ihre

Kinder, dass es wenig Sinn macht, auf die Hauptmahlzeiten zu verzichten.

7.3.6 Wenn Kinder Langeweile haben

„Mama, ich weiß nicht, was ich machen soll."

Fast jedes Kind äußert gelegentlich Gefühle von Langeweile. Wir machen uns Sorgen und deuten sie als Ausdruck eines kindlichen Mangelzustandes. Wir fragen uns:

„Bekommt mein Kind zu wenig Aufmerksamkeit?"

Wir fürchten, zu wenig Zeit mit den Kindern zu verbringen oder zu wenig mit ihnen zu spielen.

Zunächst heißt Langeweile nichts anderes, als frei verfügbare Zeit zu haben. Doch in Zeiten straff durchorganisierter Freizeit haben sich Kinder daran gewöhnt, ganztägig beschäftigt zu werden. Morgens Kindergarten oder Schule, nachmittags Handball, Tanzen oder Musikunterricht, einkaufen gehen oder fernsehen. Im Alltag bleibt wenig Zeit für freies Spielen. Sind dann Feiertage oder Ferien, müssen Kinder sich erst daran gewöhnen, freie Zeit selbstbestimmt zu nutzen. Leerlauf ist vorprogrammiert.

Wir alle kennen es von uns selbst. Wenn der Urlaub beginnt, wir nicht mehr in den Alltag eingebunden sind, freie Zeit verfügbar ist, fühlen wir uns gestresst, es fällt uns schwer, mal nichts zu tun oder einfach nur einen Kaffee zu trinken.

94

Wir fühlen uns erschöpft und leer. So ähnlich ergeht es vielleicht auch unseren Kindern, wenn sie nach einer anstrengenden und verplanten Zeit plötzlich selbst darüber entscheiden können, was sie mit ihrer Zeit anfangen wollen.

Was heißt Langeweile genau?

- Langeweile kann ein Zeichen eines Überangebotes sein: Zu viele Reize sind hier für das unangenehme Gefühl verantwortlich, ein übergroßes Angebot an Spielzeug oder auch Spielsachen, die kreatives Spielen eher verhindern als fördern.

- Langeweile kann entstehen, wenn ein Zeitraum überbrückt werden muss, zum Beispiel beim Autofahren.

- Das Gefühl von Langeweile kann sich auch einstellen, wenn tolle Ereignisse bevorstehen – wie z. B. Weihnachten. Sie kann so als Teil einer Vorfreude verstanden werden.

- Langweilig kann einem Kind auch sein, wenn es sich unterfordert fühlt, Aufgaben nicht mehr altersgemäß sind. Die letzte Phase im Kindergarten wird von Vorschulkindern häufig als langweilig erlebt.

- Gelangweilt kann ein Kind allerdings auch dann sein, wenn es emotional belastet ist, mehr Zuwendung braucht oder in schwierige Familienkonflikte verwickelt ist. Dann ist die vermeintliche Langeweile eine Form von Lustlosigkeit, innerem Rückzug oder sogar Resignation.

- Langeweile kann auch ein Zeichen von Unterforderung oder Überforderung sein. Sprechen Sie mit Ihrem Kind darüber.

- Es kann aber auch sein, dass ein Kind gedanklich mit ganz anderen Themen beschäftigt ist und sich nicht konzentrieren kann. Der Unterricht wird dann als langweilig empfunden. Das ist oft so, wenn Kinder Kummer oder Sorgen haben oder sich schon auf die nächste Party freuen.

Was tun bei Langeweile?

Wir sollten die Langeweile der Kinder respektieren und ihnen signalisieren, dass sie lernen müssen, sich auch mal alleine zu beschäftigen, diesen Gefühlszustand anzunehmen und auszuhalten.

8. Stressfreie Erziehung – geht das?

Kinder kommen mit dem Ziel auf die Welt, ihre Umgebung zu erkunden. Schon Säuglinge und Kleinkinder beginnen mit der Suche nach Orientierung. Diese Suche nach Grenzen begleitet ein Kind über seine gesamte Entwicklung hinweg, auch bis in das Jugendalter hinein.

Machtkampf, was ist das eigentlich genau?

Wenn Kinder und Jugendliche andere Interessen verfolgen als die Erwachsenen, spricht man von Machtkämpfen. Diese können sich beispielsweise beim Aufräumen zeigen. Eltern kennen sicher folgende Situation:

„Ich will nicht aufräumen - du bist gemein, kann ich es nicht später machen? Oma ist viel netter als du, ich will zu Oma!"

Diese Machtkämpfe haben keinen Krankheitswert, sie sind gesund und für die Entwicklung eines Kindes sogar wichtig. Der Umgang damit entscheidet über den Erziehungsstress. Erwachsene und Eltern sollten sich ernst nehmen und einen für sich geeigneten Weg im Umgang mit diesen Machtkämpfen finden. Stellt man sich mal einen morgendlichen Ablauf als typischen Machtkampf vor: Nicht aufstehen wollen, den Waschgang verweigern, nicht anziehen lassen oder wollen.

Ein Kind kann dabei die Muskelspannung so schlaff werden lassen, dass es sehr lange dauern kann, eine Socke anzuziehen. Würden Eltern nun hoffen, dass das Kind eines Tages von allein solch Verhalten ablegt, wären sie verloren.

Hier gilt es Ideen zu sammeln, wie Erziehende sich beim morgendlichen Ablauf schützen und dem Kind gleichzeitig Grenzen aufzeigen und damit eine Orientierung geben können.

Wie aber setze ich denn nun sinnvoll Grenzen?

Jeder Erwachsene sollte sich Gedanken darüber machen, wie die Bereiche der Erwachsenen und die der Kinder zu definieren sind.

Die Bereiche der Erwachsenen umfassen die Verantwortung und die Wahrung des individuellen Raumes gegenüber dem Kind. In der heutigen Zeit ist es wichtig, Eltern immer wieder Mut zu machen, ihren persönlichen Raum zu halten. Jeder kennt den Begriff *„Erschöpfung"*. Eltern sind heutzutage sehr erschöpft. Viele gehen mit ihren Kindern gar nicht mehr an öffentliche Orte; so wird schnell ein Wunsch nach einem Besuch in einem Restaurant wieder verworfen. Viele berichten, es sei ihnen peinlich, wenn ihr Kind den Kasper spiele.

Hierbei zeigt sich wiederholt, dass viele Eltern keine Kraft mehr haben, ihren Kindern die nötigen Grenzen aufzuzeigen.

Manche Eltern stellen sich die folgende Frage:

„Wie schaffe ich es denn, mich durchzusetzen?"

Hier zeigt die Praxis, dass man heute im Allgemeinen bei Erziehungsangelegenheiten viel zu viel an das Verständnis der Kinder appelliert und diskutiert.

Andere versuchen ihr Ziel mit Belohnungen oder Bestrafungen zu erreichen, bringen sich aber gleichzeitig in eine Abhängigkeit zu ihrem Kind.

Viel wichtiger ist es doch, eine gesunde Autorität aufzubauen. Das wird durch klare Anweisungen und insbesondere durch Handlungen erreicht, die dem Kind deutlich machen, dass Erwachsene in ihren Bereichen das *„Sagen"* haben.

So berichtete eine Mutter von der erfolgreichen Lösung eines Problems mit ihrem fünfjährigen Sohn, der sie nicht alleine auf die Toilette gehen ließ. Sie habe es anfangs immer wieder mit Gesprächen versucht, habe ihn höflich gebeten, aus dem Badezimmer zu gehen. Als das nicht funktionierte, habe sie ihm gedroht, sie würde abends keine *„Gute-Nacht-Geschichte"* mehr vorlesen. Am Ende sei sie so wütend geworden, dass sie ins Badezimmer gegangen sei und die Tür von innen abgeschlossen und sich in dieser Form durchgesetzt habe. Die wütenden Schreie ihres Sohnes habe sie akzeptiert.
Der Junge hat sich schnell daran gewöhnt. Ein paar Tage später konnten die Eltern bemerken, dass er nicht nur

ihren Bereich, sondern gleichzeitig auch seinen eigenen Bereich anerkannt hatte – er geht seitdem eigenständig auf die Toilette und behauptet seinen persönlichen Raum, indem er die Badezimmertür selbst auch abschließt.

Für eine stressfreie Erziehung gilt es auch den Bereich der Kinder zu wahren. Eine Mutter berichtete, dass es immer wieder Probleme mit dem Anziehen gab. Ständig habe sie auf ihre Kinder eingeredet, sie sollten sich beeilen, es sei nicht mehr viel Zeit. Dann wurde sie darauf aufmerksam, dass das Anziehen der Bereich des Kindes ist. Also hielt sie sich zukünftig morgens zurück, überließ ihren Kindern die Entscheidung, was und ob sie sich anziehen wollten. Allerdings nahm sie ihre Kinder dann auch im Schlafanzug mit in den Kindergarten. Seit diesem Tag ziehen sich ihre Kinder ohne Probleme an. Dabei ist eine kurze Vorankündigung und die Mitnahme der Kleidung Ihres Kindes für die Kindertageseinrichtung wichtig.

Diese Erfahrungsberichte zeigen, dass es ebenso hilfreich für Eltern ist, den Bereich der Kinder zu wahren. Dazu zählt auch der Geschwisterstreit, Eltern sind nicht dafür verantwortlich, Inhalte aus diesem Streit zu klären. Für die Kinder ist es sehr wichtig, die Erfahrung zu machen, dass auch sie Rechte haben, die Erwachsene akzeptieren sollten, wie beispielsweise Gefühle und Meinungen der Kinder.

Für die Eltern ist es gleichzeitig eine große Entlastung, den Kindern eine gewisse Selbstständigkeit zu überlassen und nicht für alles verantwortlich zu sein.

Eine stressfreie Erziehung ist sicher nicht nur ein Traum, sondern für alle Eltern und Erwachsenen möglich. Voraussetzung dafür ist, das Vertrauen in sich selbst zu gewinnen, den eigenen persönlichen Raum gegenüber dem Kind zu wahren und den Bereich der Kinder ihnen selbst zu überlassen.

Eine stressfreie Erziehung ist keine perfekte Erziehung, sondern beinhaltet einen geeigneten Weg im Umgang mit den Machtkämpfen der Kinder zu finden, der einem selbst Kraft und den Kindern Orientierung gibt.

9. Mut zu Fehlern

9.1 Interview mit dem Pädagogen Thomas Rupf
(vgl. Ausgabe *Leben & Erziehen 07/2010"*)

Frage:
Eigentlich ist doch niemand in irgendetwas wirklich perfekt. Wieso setzen wir uns so ein unerreichbares Ziel ausgerechnet bei der Erziehung der Kinder?

Rupf:
Die Nachfrage nach Erziehungsratgebern steigt seit Jahren, immer mehr Fernsehsendungen widmen sich dem Thema Erziehung, Experten melden sich vermehrt zu Wort. *So geraten Eltern und Pädagogen/innen unter enormen Druck, perfekt sein zu müssen. Demzufolge entsteht eine hohe innere Anspruchshaltung, die besagt: „Sei liebevoll, fürsorglich und selbstlos, koche immer gesund und lecker, bastel und spiele mit den Kindern, helfe ihnen bei den Hausaufgaben, fahre mit zu Ausflügen, sehe selbstverständlich immer frisch und gelassen aus und verfüge ebenso über unerschöpfliche Geduld."*

Frage:
Birgt dieses Streben nach Perfektion denn auch eine Gefahr?

Rupf:
Wenn wir zu hohe Erwartungen an uns selbst stellen, laufen wir Gefahr, den Erziehungsalltag als stressig und

103

belastend zu erleben. Perfektionismus wirkt sich in der Erziehung negativ aus, wir beginnen zu erschöpfen und sind nicht mehr in der Lage, auf die Wünsche und Sorgen der Kinder einzugehen, ihnen gleichsam durch eine klare Struktur Halt zu geben. Durch einen stressreichen Erziehungsalltag besteht die Gefahr, dass Kinder vermehrt nach Orientierung suchen und ihre Grenzen austesten. Schnell verlieren wir den Glauben an uns selbst, wir sehen vermehrt unsere Fehler und nicht selten führt diese Erschöpfung zum Burn-out, davon sind neben den Eltern besonders pädagogische Mitarbeiter/innen betroffen.

Frage:
Wer gibt eigentlich vor, was perfekt ist? Wer kennt das richtige und ultimative Erziehungsrezept?

Rupf:
Meist ist es unsere Gesellschaft selbst, die uns immer wieder vorgibt, was richtig oder falsch ist. Leider gibt es noch immer einige, eher weniger kritisch denkende, Experten und Wissenschaftler, die Erziehung auf verschiedene konstruierte „Konzepte, Regeln und Verhaltensprogramme" reduzieren, sie stellen ihr Erziehungsprogramm oft als das ultimative Erziehungsrezept dar. Diese sogenannten Experten haben den Praxisbezug zum Erziehungsalltag verloren.

Frage:
Typische Szenen zu Hause: Das Kind ist anstrengend, will nicht essen, will nicht die Schuhe anziehen, will sich nicht anschnallen lassen. Ich weiß natürlich, dass die perfekte

Mutter jetzt ruhig bleiben würde, trotzdem werde ich laut.
Dann plagt mich das schlechte Gewissen. Was tun?

Rupf:
In so einer Situation sollte man zuerst seine eigenen
Ansprüche senken. Das Ziel einer Erziehung besteht nicht
darin, perfekt und ruhig zu sein, sondern die alltäglichen
Machtkämpfe geschickt zu überleben und sich im
Erziehungsalltag immer nur auf das Wesentliche zu
konzentrieren. So darf man Kinder gerne auch mal „halb-
angezogen" in einer Kindertagesstätte abgeben, wichtig ist
doch nur, dass sie dort rechtzeitig erscheinen. Wenn
Kinder das Essen verweigern, ist es nicht dramatisch, sie
müssen nicht mit Druck alles aufessen. Entscheidend ist,
dass sie zwischen den Mahlzeiten keine Süßigkeiten
erhalten und sich daran satt essen.
So lernen Kinder schnell, sich an den regulären
Mahlzeiten zu orientieren. Wenn uns das schlechte
Gewissen plagt, sollten wir einmal tief Luft holen, den
Kindern sagen, dass einem einfach „der Kragen" geplatzt
ist. Stehen wir akut unter Druck, besteht auch die
Möglichkeit, in einen anderen Raum zu gehen und dort
mal richtig Dampf abzulassen. Andere wiederum backen
Brot...beim „Hefeteig kneten" kann man sich richtig gut
abreagieren. Wir sollten aber kein schlechtes Gewissen
haben, weil wir uns zeitweise gereizt und genervt
verhalten.

Frage:

Gibt es denn auch positive Effekte, die Fehler haben können?

Rupf:

Wir lernen aus den Fehlern und entwickeln uns weiter. Fehler zeigen auf, was uns in der Erziehung hilft und was nicht. Perfekte Eltern, perfekte Pädagogen/innen, das wäre für die Kinder grausam; so wären sie gezwungen, ebenso perfekte Kinder zu sein, ohne eine eigene Persönlichkeit. Wenn wir lernen, mit unseren Fehlern und Schwächen zu leben, wenn wir uns so annehmen können, wie wir wirklich sind, verläuft unser Leben viel entspannter – und mal ganz ehrlich: „Müssen wir im Winter ein Kleid bügeln, das bis zum Sommer im Schrank hängt?"

Frage:

Daneben gibt es natürlich aber auch Fehler, die auf Dauer tatsächlich negative Folgen haben. Wie gehen Kinder zum Beispiel damit um, wenn Eltern ständig inkonsequent oder sprunghaft sind?

Rupf:

Kinder, deren Eltern inkonsequent und sprunghaft sind, sind nicht in der Lage, sich an ihnen zu orientieren. Es fehlt ihnen an Halt und Struktur, Eltern werden nicht mehr ernst genommen und als gesunde Autoritätspersonen gesehen, es kommt zu verstärkten Machtkämpfen im Erziehungsalltag.

Frage:

Momentan ist der Trend am Buchmarkt, gegen Erziehungsratgeber zu wettern. Viele Eltern würden sich zu sehr davon beeinflussen lassen und zu wenig auf ihre Intuition hören. Ist das tatsächlich so?

Rupf:

Erziehungsratgeber sollte man nicht als Gebrauchsanweisung verstehen, sondern eher als Ratgeber, als Hilfestellung im Erziehungsalltag. Es gibt durchaus Bücher, die lebensnah und informativ sind, die einem neue Wege aufzeigen können. Wichtig dabei ist aber, dass wir niemals unsere Intuition verlieren. Ein Buch kann eine Erziehung niemals ersetzen: Wie viele Seiten müsste denn ein Buch haben, um auf alle Fragen von unterschiedlichen Eltern und Kindern eine Antwort zu wissen?

Frage:

Gab es dieses Streben nach Perfektion auch früher oder hatte damals niemand diesen Anspruch?

Rupf:

Das Streben nach Perfektion gab es immer, nur waren die Rollen früher klarer verteilt, da musste die Frau „nur" den perfekten Sonntagsbraten machen und der Mann „nur" jede Lohnerhöhung mitnehmen. Diese klaren Rollen gibt es so nicht mehr.
Die Männerrolle ist heute mehr als nur Ernährer der Familie zu sein. Und Frauen sind mehr als nur Köchinnen und Putzfrauen für die Familie. Was beide niemals

vergessen sollten, sie sind nicht nur Mutter und Vater, sie sind Menschen mit Schwächen und Stärken. Und als das sollten sie sich auch ansehen. Das gleiche gilt für pädagogische Mitarbeiter/innen, sie sind keine fehlerlosen Experten. Auch pädagogische Fachkräfte lernen aus den Fehlern in der Erziehungsarbeit mit Kindern und Jugendlichen.

10. Machtkämpfe zwischen Erwachsenen

Schön wäre es, würden sich die Machtkämpfe auf Kinder und Eltern beschränken.

Reicht es nicht, dass der Generationsmachtkampf noch einmal während der Pubertät zulegt? Wobei er hier eher dazu dient, den Eltern das Loslassen zu erleichtern. Sie persönlich freuen sich vielleicht auf den Tag, an dem Ihr Kleiderschrank, beziehungsweise sein Inhalt, Ihre Kosmetika sowie die Fernbedienung des Fernsehers wieder ganz allein Ihnen gehören. Den Kindern dienen diese Kämpfe uns zu zeigen, dass sie nicht mehr unsere süßen Mäuschen, Schnuckelchen oder Ähnliches sein wollen. Was genau sie sind, wissen sie in der Zeit auch nicht, aber alles ist besser als *„Papas süßes Blümchen"*.

Leider verflüchtigen sich die Machtkämpfe aber nicht mit dem Abklingen der Pubertät. Sie sind überall. Und sie gehören dazu, in unser aller Leben.

Manchmal sind die Positionen dabei scheinbar klar verteilt: Chef – Angestellter, Beamter – Antragsteller, Politesse – Autofahrer.

Im Kleinen, im Privaten, wo sich gleichberechtigte Partner gegenüberstehen, finden die Machtkämpfe eher unterschwellig statt.

Es gibt die Art Machtkämpfe, bei denen es darum geht, den Partner *„klein"* zu halten, auszubremsen, sich selbst über den anderen zu stellen. Häufig erlebt man dies nach

Trennungen. Da wird der Unterhalt unregelmäßig oder gar nicht gezahlt, gern mit der Begründung:

„Du wolltest doch die Trennung, also sei ruhig!"

Die Kinder werden nach dem *„Papa-Wochenende"* zwischen 17:00 und 20:00 Uhr – vielleicht aber auch früher oder später – zurückgebracht, obwohl eine feste Zeit vereinbart wurde.

Oder es wird kritisiert, dass die Exfrau auf dem Zeugnis der Kinder an erster Stelle unterschrieben hat:

„Sicher kannst du unterschreiben, aber auf die Position kommt es an!"

„Geh nur zum Jugendamt, dann entscheiden die, wo die Kinder hinkommen. Du wirst schon sehen, was du davon hast!"

Machtkämpfe treten somit auch zwischen Erwachsenen auf, wichtig ist, dass wir angemessen mit unseren Mitmenschen umgehen und immer daran denken, niemand ist perfekt!

Hierzu abschließend ein Beispiel:

Stellen Sie sich mal einen perfekten Streit zwischen Erwachsenen vor, der könnte wie folgt aussehen, die Frage ist nur, ob wir das so wollen?

Frau: *„Hast du kurz Zeit für mich? Ich muss mal dringend mit dir sprechen."*

Mann: *„Selbstverständlich, die Zeit nehme ich mir. Was kann ich für dich tun?"*

Frau: *„Es geht um die Saugtechnik."*

Mann: *„Um was bitte?"*

Frau: *„Es geht um das Staubsaugen. Es wird nie gründlich gesaugt, immer muss ich nochmal nachsaugen, wenn du gesaugt hast."*

Mann: *„Ach so. Ich habe das noch gar nicht so wahrgenommen, finde ich aber gut, dass du es ansprichst. Wie können wir denn weiter verfahren?"*

Frau: *„Wir vereinbaren eine Probezeit von zwei Wochen. Es wäre klasse, wenn du in dieser Zeit gründlich und in allen Ecken saugst, ich halte mich auch zurück."*

Mann: *„Ok, ich werde alles geben und dich nicht mehr enttäuschen."*

Frau: *„Das freut mich sehr, dass du so verständnisvoll bist. Danach setzen wir uns nochmal zusammen und reflektieren diese zwei Wochen und treffen gegebenenfalls neue Zielvereinbarungen."*

Mann: *„Ja, so machen wir es, es macht immer wieder Spaß, auf diese Art Konflikte zu bewältigen."*

Wollen Sie wirklich so einen Partner?

Ich wünsche Ihnen lieber ganz viel Spaß mit Ihrer *„unperfekten"* Familie!

Lightning Source UK Ltd.
Milton Keynes UK
UKHW021039200420
361988UK00023B/1801

9 783844 815061